LETTRES À L'INTIME DE SOI

© 2001 Albin Michel S.A.

22, rue Huyghens, 75014 Paris

www.albin-michel.fr

Dépôt légal : octobre 2001

N° d'édition : 12414/2

ISBN : 2-226-11967-1

Jacques Salomé

Lettres
à
l'intime de soi

Illustrations
Dominique de Mestral

Albin Michel

« Mourir d'accord,
mais s'arrêter de vivre, non ! »
Claude Roy

Se positionner
personnellement

Il était une fois,
la vie,
et d'autres fois,
les sources de l'amour.
Il était un jour,
la vie-amour,
L'amour-vie.
Il était une fois,
la terre
et des millions de fois,
les étoiles et la lumière.
Et une seule fois encore,
la lune et le soleil.
Il était une fois,
le rêve,
et aussi la joie.
Il était une fois,
la vie-joie,
La joie-vie.
Il était une fois,
les arbres,
et bien d'autres fois,
les pierres.
Il était enfin l'univers
et plus loin encore
l'infini de l'énergie.
Il était une fois,
l'humain.
Et, plus tard encore,
des hommes et des femmes
antennes tendues
vers les vibrations sensibles
du Tout
dans leurs tentatives inouïes
pour se relier à l'UN.

L'Amour-vie

Lettre à l'intime de vous, de nous peut-être

La communication est la mise en commun, non pas de ce que l'on sait, voit ou entend, mais le partage sans réserve de ce que l'on sent, perçoit, découvre sous le banal des apparences, dans la profondeur de l'écoute de soi.

J'aime ainsi me creuser pour accueillir les mots de vos enthousiasmes.

Quand je mets en suspens mes certitudes et que je reçois vos interrogations, je n'ai pas besoin d'atténuer les différences. Je les entends de vous, je peux les reconnaître en moi.

Quand chacun, dans ces échanges, accède au désir de parler en son nom.

Quand un mot s'anime, s'amplifie et se dépose au recevoir de l'autre, il devient un acte.

Quand il franchit le cœur, il devient un germe.

Avec les mots de la vie, j'ouvre des chemins insoupçonnés vers le meilleur de Moi, de l'autre parfois.

Ce matin, je suis sorti, j'ai marché lentement, je rayonnais de bonheur car vous m'accompagniez dans mes émotions.

Le soleil fragile, mais si réel chaque fois, que je le reçois comme un vrai cadeau brillait aussi dans vos yeux.

L'herbe comme renversée, encore effrayée du froid de l'hiver, un chien surpris de me voir traverser son territoire. Tout semblait amour, beauté, tendresse, car tout me reliait à vous.

L'extérieur avait-il changé depuis hier ? Non !

Seul mon regard était différent, tourné encore vers le doux de vous en moi.

Quand je songe à vous, à la manière de vous écrire, j'imagine que le plus simple est de laisser couler les mots, se déposer l'accord des lettres, d'accepter le mouvement de mes élans vers le merveilleux de vous.

Je me sens ainsi relié à l'enfant de lumière qui m'habite parfois, flamme dansée au ventre de mes enfances tumultueuses.

Cet enfant est empli de plaisir, de spontanéité, d'amour joyeux. Il est relié au monde par une infinie tendresse, bien au-delà des peurs, des détresses, du mal-être et des déceptions.

Ces temps derniers, je lui fais confiance,
je lui fais confiance, je me laisse guider par lui
et c'est vers vous qu'il m'a conduit.

Aujourd'hui
est le premier jour
de ma vie à venir

Je tente ici d'inscrire dans une trace l'essentiel de mes ressentis et de la compréhension que j'ai de mes choix de vie.

Le respect de moi, c'est cela qui prime en moi aujourd'hui dans mon vécu d'homme. Sortir des co-errances dans lesquelles je me perdais... et perdais l'autre aussi, pour plus de cohérence interne.

Je ne cherche ni à blesser l'autre, ni à me justifier dans ce que j'éprouve, mais seulement à oser me définir, à oser dire ce que je ressens sans préjuger du ressenti de l'autre, sans m'emparer du sien pour le protéger ou le réparer.

Je sais, je sens que je vais ainsi vers une inaccessible liberté, celle de faire des choix en m'écoutant, celle de renoncer en choisissant justement, celle de prendre le risque de faire confiance à ce qui circule en moi dans ce temps de vie où je suis, aujourd'hui.

Mes choix m'appartiennent et choisir c'est renoncer.

Je renonce donc à une relation, à des relations, à des modes de vie dans lesquels je ne me retrouve pas, pour lesquels je ne sens pas en moi un mouvement vers le meilleur, un abandon, une ouverture qui m'agrandit et me prolonge.

Je renonce à la prise en charge des peurs et des désirs de l'autre sur moi.

Je tente de me responsabiliser dans mes émotions, mes sentiments, pour passer, chaque fois que j'en prends conscience, du réactionnel au relationnel.

Je choisis aussi d'entendre comment l'autre se définit devant moi, avec ce qu'il est aujourd'hui.

Je choisis de me définir devant lui, en parlant de moi... en ne le laissant plus parler de moi.

Je choisis de garder le meilleur d'une relation, de l'inscrire en moi au-delà des regrets et des manques.

Je choisis de garder l'essentiel des découvertes, des enthousiasmes, des plaisirs et des partages.

Je choisis aussi de me prendre plus en charge, de ne pas laisser croire à l'autre qu'il est responsable de mes besoins ou de mes sentiments.

J'avance ainsi aujourd'hui.

Il y a tant
de possibles…
en chacun

Il est possible de commencer à se tenir debout sans vaciller, sans fléchir sous la peur, les menaces ou les interdits.

Il est possible de commencer à marcher sans tituber, de choisir un chemin à soi, de se frayer un passage au travers des obstacles et des doutes.

Il est même possible de commencer à courir, à s'élancer vers des projets et des rêves fous.

Il est possible de commencer à parler avec hésitation peut-être, mais avec enthousiasme et passion aussi, avec surtout des mots à soi.

Il est possible de dire son ressenti, ses émotions, ses positionnements et ses choix de vie.

Il est possible de prendre le risque de n'être pas toujours compris.

Il est possible d'apprivoiser plus de solitude.

Il est possible de commencer à oser être.

Il est possible de s'aventurer, de s'égarer, d'avoir mal et d'avancer quand même.

Il est possible de buter sur des refus et la difficulté d'être, pour accéder à plus de soi-même.

Il est possible de commencer à sortir de la dépendance à des manques pour prendre en charge ses besoins.

Il est possible de vivre des relations de plaisir où le désir peut jouer en toute liberté dans l'espace intime qui nous habite, dans celui nécessaire à toute rencontre.

Il est possible de vivre des commencements et des naissances sans se détruire, sans blesser ou rejeter l'autre, pour accéder à plus de soi-même.

Il est possible de commencer à naître à nouveau avec le meilleur de moi avec vous et de vous en moi.

Il est possible de se reconnaître dans un rêve partagé, dans la tendresse révélée, dans l'accueil des ressentis.

Et quand l'évidence même de l'impossible, par votre écoute, sous notre regard, se transforme en possibles, quelle merveille !

Quand un regard devient fertile

Il suffit de changer son regard
pour donner un sens nouveau
aux évidences anciennes.
Quand je change de regard,
seulement de regard,
tout le reste suit,
et même parfois me précède.
C'est par mon regard
que je me ferme
ou me relie au monde.
C'est par mon regard
que je me blesse
ou m'amplifie.
C'est par mon regard
que je te perds
ou te rencontre.
C'est par mon regard
que je deviens sourd
ou que j'écoute.
C'est par mon regard
que je me déteste
ou que je m'aime.

C'est par mon regard
que je vois mes problèmes
ou mes réussites.
C'est avec mon regard,
mon seul regard,
que je disqualifie une relation,
la compare ou l'embellis
au plus profond de moi.
C'est avec mon regard aussi
que j'ouvre mes bras
pour vous accueillir,
quand un regard me le permet
ou m'y invite.
Et c'est par votre regard, parfois,
que je m'entends enfin
au plus profond.

Je prends conscience

Je prends conscience du pouvoir étonné que j'ai sur ma propre existence.

Pendant des années et parfois même durant des décennies, je me suis plaint du pouvoir des autres sur ma vie, sur mon environnement, sur moi-même.

Je prends conscience de tous ces contes sans cesse réactualisés que je me suis racontés depuis l'enfance.

Je prends conscience des auto-privations, des refus ou de la culpabilisation-prison dans laquelle je me suis laissé enfermer de longues heures, de longues nuits ou de longs jours. Aujourd'hui je peux rendre ces interdits, ces violences ou ces injonctions à ceux qui me les ont transmises.

Je prends conscience d'une parole propre, la mienne, au-delà de celle qui m'a été dictée ou simplement proposée par ceux qui voulaient ou croyaient m'aimer.

Je prends conscience de mon regard… car c'est bien avec mes yeux que je vois et que j'entends l'essentiel.

Je prends conscience de l'infinie tendresse que je peux me donner ou offrir et de celle que je peux oser recevoir sans me sentir redevable.

Je prends conscience que je peux cesser de maltraiter ma vie, que je peux la rêver, la recréer et entrer dedans de plain-pied pour l'agrandir encore et encore.

Je prends conscience que je ne suis ni fragile ni faible, seulement vulnérable parfois.

Je prends conscience que mes besoins ont de la valeur et peuvent s'exprimer en demandes sans devenir des exigences.

Je prends conscience que mes désirs sont stimulants, qu'ils peuvent être reconnus par moi, qu'ils peuvent être comblés, réalisés avec d'autres, ou simplement entendus.

Je prends conscience de mon corps, mon plus ancien compagnon, souvent maltraité, trahi, abusé aussi... avec lequel je partage l'essentiel de mes jours et de mes nuits...

Je prends conscience de mes chemins multiples pour atteindre le meilleur de moi, plus loin, plus profond.

Oui je prends conscience
et je vis dans cette conscience-là.

Lettre à mon corps

Bonjour mon corps,

C'est à toi que je veux dire, aujourd'hui, combien je te remercie de m'avoir accompagné depuis si longtemps sur les multiples chemins de ma vie.

Je ne t'ai pas toujours accordé l'intérêt, l'affection ou simplement le respect que tu mérites. Souvent, je t'ai même ignoré, maltraité, matraqué de regards indifférents, de silences pleins de doutes, de reproches violents. Tu es le compagnon dont j'ai le plus abusé, que j'ai le plus trahi. Et aujourd'hui, au mitan de ma vie, je te découvre un peu ému, avec tes cicatrices secrètes, avec ta lassitude, avec tes émerveillements et avec tes possibles.

Je me surprends à t'aimer avec des envies de te câliner, de te choyer, de te donner du bon.

J'ai envie de te faire des cadeaux uniques, de dessiner des fleurs sur ta peau, de t'offrir du Mozart, de te donner les rires du soleil, ou de t'introduire au cœur même du rêve des étoiles. Mon corps, aujourd'hui, je veux te dire que je te suis fidèle, non pas malgré moi, mais dans l'acceptation profonde de ton amour.

Oui, j'ai découvert que tu m'aimais, mon corps, que tu prenais soin de moi, que tu étais vigilant et étonnamment présent dans tous les actes de ma vie.

Combien de violences as-tu affronté pour me laisser naître, pour me laisser être, pour me laisser grandir avec toi?

Combien de maladies m'as-tu évité!

Combien d'accidents as-tu traversé pour me sauver la vie?

Combien d'abandons, de lâcher-prise as-tu accepté pour me laisser entrer dans le plaisir?

Bien sûr, il m'arrive parfois de te partager et même de te laisser aimer par d'autres, par une que je connais et qui t'enlèverait bien si je la laissais faire…

Mon corps, maintenant que je t'ai rencontré, je ne te lâcherai plus… Nous irons jusqu'au bout de notre vie commune et quoi qu'il arrive, nous vieillirons ensemble.

Si j'ai vraiment reçu

Si j'ai vraiment reçu,
je n'ai pas peur de perdre.
Si j'ai su accueillir,
je ne me prive de rien.
Si je peux amplifier ce que je reçois de vous
pour le laisser germer durant le temps de l'absence,
j'agrandis alors le temps des retrouvailles.
Si j'ose mettre des mots sur ce que je vis,
alors je n'ai pas besoin de critiquer ou de disqualifier
ce qui me vient, ou ne me vient pas, de l'autre.
Le temps d'une rencontre est trop précieux
pour l'abîmer en amertume
sur ce qui ne s'est pas passé.
Si j'ai engrangé du bon en moi,
il en restera suffisamment de traces
pour l'ensemencer, bien après la séparation
ou l'éloignement.
Si je découvre que se quitter
n'est pas se perdre,
alors
je me rencontre plus ouvert.
La nostalgie,
c'est quand je peux regretter
de n'avoir pas su
vous proposer tous mes possibles.

Le présent multiple

J'ai le présent lavande
aux rires des soleils
et le présent bohème
hors du temps des regrets.
J'ai le présent prélude
aux douceurs infinies.
J'ai le présent quiétude,
poli aux souvenirs
des présents délices.
J'ai le présent intense
inscrit dans le bleu de l'instant.
J'ai le présent solitude
aux émotions vagabondes,
et le présent chagrin,
affamé de nostalgie.
J'ai le présent plénitude
fécondé de partages,
le présent projet
ensemencé de rêves.
J'ai le présent certitude
d'un lendemain fidèle
où je vous redirai
encore une fois,
comme tant de fois,
le désir fou de vous.

Ah, mes peurs, parlons-en !

Pendant longtemps, dans ma vie d'enfant, puis d'adulte, elles furent sans cesse présentes, énormes ou subtiles, effrayantes et toujours tenaces.

Au début, j'ai tenté de tricher avec elles, de faire le sourd ou le superbe, j'ai essayé par tous les moyens de les tromper, de les oublier, de les rejeter loin dans les ténèbres de mes oublis.

Ah que d'efforts, que de violences, que d'énergies pour les maintenir au plus bas, pour les minimiser, pour les nier.

Oui, j'ai tenté aussi de les apprivoiser, de les amadouer, de les séduire en les expliquant, en les analysant, en les écoutant même parfois…

Mais tout au fond de moi, restait la peur d'être dominé, envahi surtout. J'étais traqué, bloqué, plein d'incertitudes sur mes ressources.

Je ne savais pas que le possible est juste un tout petit pas à faire après l'impossible.

Et puis un jour, j'ai découvert que derrière chaque peur, il y avait un désir, et même parfois plusieurs désirs.

J'ai changé mon regard, mon écoute.

Je ne vous ai plus combattues, mes peurs, j'ai arrêté de vous refouler, de vous maltraiter.

Il me suffisait de vous écouter, d'entendre le message dont vous étiez porteuses, de reconnaître, derrière chacune d'entre vous, le désir chétif ou puissant qui se cherchait.

Ô mes peurs, oiseaux fragiles de mes désirs, vous m'avez beaucoup appris sur eux, vous m'avez fait découvrir tout ce que je tentais désespérément de cacher, d'annuler, l'incroyable énergie de toute ma désirance.

Oui, mes peurs, je n'ai plus peur de vous,
car j'ai appris aujourd'hui à vous entendre.

Désir, mon beau désir où te perds-tu, que deviens-tu aux risques de la vie ?

Dans certains récits, livres, films, et tout simplement dans beaucoup d'histoires de vie, nous découvrons combien il est beau de désirer l'autre ou d'être désiré par lui !

Mais quand allons-nous entendre que la pire des aliénations, que la plus grande des agressions inconscientes que nous pouvons proposer avec sincérité, sera de lui déclarer :

« Je désire que ton désir me désire ! »

Ainsi certaines approches amoureuses vont-elles proposer des relations de pouvoir, de soumission ou de compromission. Relations dans lesquelles les bourreaux ne seront pas plus responsables que les victimes !

Personne ne nous a appris à distinguer le désir vers l'autre, du désir sur l'autre.

Savons-nous que le désir le plus terrible, celui qui se présente comme le plus désirable, est le désir du désir de l'autre ?

Et que le désir en soi, ou le désir désirant, porteur de vie et de créativité ne peut que se proposer, s'offrir et attendre.

Les chemins du désir

S'il n'arrive pas à les éveiller, les possibles du désir de l'autre, que devient alors le DÉSIR non réalisé ? Il poursuit son chemin hors des réponses, hors de contraintes et s'élève parfois jusqu'à devenir pur esprit.

Et le DÉSIR non exprimé ?

Celui-là ne meurt jamais. Il s'évade de tous les pièges, dénie les rassurances et les compassions. Il contourne tous les obstacles, s'immisce dans la moindre des pensées, s'affole à la plus petite des espérances.

Un désir bafoué, parce que non écouté ou non reconnu, ce qui ne veut pas dire irréalisable, arrive même à obscurcir le soleil d'une journée de printemps. Il rend triste le bleu du ciel. Il détourne, par sa violence, l'élan d'un rire ou la tendresse d'un instant.

Le désir non entendu est capable de blesser à jamais l'amour le plus fou, de rendre fou l'amour le plus passionné. Il peut aussi poursuivre sa vie de désir en devenant création ou folie...

Oser se définir positivement

Quelqu'un m'a demandé un jour quel était le trait le plus positif de ma personnalité, quelle était ma qualité dominante. Je me suis senti incapable de répondre à ces questions. Il n'est pas facile d'oser se présenter sous son aspect le plus positif. Une sorte de cécité, d'aveuglement soudain, de pudeur peut-être, nous empêchent de dire le meilleur de nous.

Et quand nous tentons de mieux cerner cet aspect, nous vient toute une terminologie un peu morcelante, pour diluer cette qualité que nous avons du mal à reconnaître en nous, avec des lieux communs, des banalités qui n'engagent pas.

S'interroger sur ses qualités n'est pas une attitude familière à la plupart d'entre nous. Soit nous nous aventurons dans un narcissisme primaire qui masque plus qu'il ne révèle, soit nous sommes très habiles pour énoncer en premier nos défauts, nos insuffisances ou nos manques.

Prendre le risque de se présenter avec ses qualités dominantes ne semble pas être une attitude sociale recommandée, ni appréciée. Et, pourtant, il serait intéressant d'apprendre aux enfants, et pourquoi pas aux adultes, à mieux repérer leurs traits de caractère positifs, à mieux cerner leurs ressources dominantes, à mieux percevoir la richesse de leur personnalité.

Il semble difficile d'énoncer une qualité personnelle « pure ». Elle est aussitôt nuancée par quelques qualificatifs suffisamment vagues pour amoindrir ce qui vient d'être avancé.

Dans une carte de visite relationnelle, il serait peut-être plus facile de se présenter comme : créatif, tenace, vivant, enthousiaste, fiable, dynamique ou tendre… En résistant aussitôt à la tentation de modérer par des correctifs, de nuancer par des amendements, ces termes trop présomptueux ! « Créatif, oui certainement je le suis,

mais quand les conditions sont favorables… Dynamique évidemment, mais quand la fatigue ne s'accumule pas trop. Tendre bien sûr, mais quand je me sens bien dans ma peau. » Il est vraiment difficile de se définir positivement. Nous préférons en laisser le soin à d'autres.

En fait, ce sont souvent les personnes qui pensent nous connaître, qui vont nous identifier avec des qualificatifs enthousiastes ou négatifs. Cette hétéro-définition de nous-mêmes, cet étiquetage en quelque sorte, n'est pas tant lié à nos qualités réelles, mais le plus souvent, à ce que nous touchons, réveillons, chez ces personnes.

Quand ce que nous réactivons en elles est de l'ordre du bon, nous sommes perçus comme positifs, quand c'est dans l'ordre du dérangeant ou de l'insécurisant, nous sommes catalogués comme négatifs.

Ainsi nous risquons de tomber dans un des pièges les plus pernicieux, celui de nous laisser définir par autrui, non à partir de ce que nous sommes, mais en fonction de ce que nous touchons chez l'autre !

L'invitation est ouverte. Quel est le don par lequel vous pouvez vous identifier ? Est-ce la gentillesse, la tolérance, la largeur d'esprit ? Attention, ce qui sera reçu par certains comme un cadeau peut être rejeté comme insupportable par d'autres, qui percevront comme de la faiblesse ce que vous vivez comme de la tolérance !

L'important, cependant, me semble être de prendre le risque de se définir, de prendre le risque de s'identifier dans les aspects les plus riches de notre personne. Pour ainsi inviter ceux que nous fréquentons à pouvoir s'appuyer sur nos ressources et nos possibles.

Rencontre avec la maladie

Tomber malade, entrer en maladie, ne peut être le fait du hasard, ni celui d'un effet du destin, encore moins le résultat d'un concours de circonstances fâcheux…

C'est un langage qui parle en nous, de nous.

Et peut-être surtout de l'indicible,

quand le silence des mots réveille la violence des maux.

Ce peut être le réveil d'une blessure de l'enfance, la réactivation d'une situation inachevée que l'on a pas écoutée en son temps !

Ce peut être l'hémorragie affective d'une séparation imposée, la violence d'une rupture non souhaitée, la perte d'un être chair et cher !

Ce peut être encore l'expression d'une fidélité, la mise en œuvre d'une mission de réparation à l'égard d'ascendants.

Ou plus simplement parfois, la manifestation d'un conflit intra-personnel dont le seuil de tolérance est atteint.

Être malade est :

　　* une invitation bouleversante de notre corps à mieux nous entendre,

　　* une sollicitation à mieux écouter la relation parfois disqualifiante que nous avons avec lui,

　　* une invitation à se respecter vis-à-vis d'autrui, et surtout face aux personnes aimées,

　　* une incitation à ne plus se laisser définir, un signal pour oser entendre et nommer l'innommable,

　　* pour crier l'insupportable,

　　* pour émerger enfin du silence,

　　* pour accepter de changer de vie.

Prendre le risque
de s'écouter

Face à des événements ou des situations qui me semblent insupportables...

Devant des comportements ou des conduites qui me paraissent aberrants...

Confronté dans mon existence à des incohérences et à des contradictions que je cherche à comprendre, à expliquer...

Puis-je enfin écouter et entendre ce que cela touche en moi ?

À quoi cela me renvoie-t-il dans ma propre histoire ?

Puis-je prendre le risque de retrouver et de me relier ainsi aux blessures toujours vivaces de mon enfance ?

Blessures inscrites le plus souvent, avec des violences vécues autour de l'injustice, de l'humiliation ou de l'impuissance.

À trop vouloir réparer ou soigner autrui, je risque de découvrir que je suis surtout un soi-niant persistant à soi-nier !

Cela n'exclut pas l'attention bienveillante, la compassion, la solidarité, la vigilance, l'action ou les engagements envers nos semblables, mais cela nous rend plus lucides et certainement plus efficients.

Le changement personnel

Le changement personnel est la seule aventure inépuisable qu'il nous soit donné de vivre. C'est une aventure inscrite dans les tâtonnements et les enthousiasmes du quotidien.

Changer est un appel en nous, un mouvement interne irrésistible, parfois douloureux, auquel nous nous abandonnons dans la lumière des découvertes ou auquel, au contraire, nous résistons en restant crispés sur nos peurs et sur nos croyances.

Transformation intérieure et changement dans nos relations sont deux pôles toujours liés.

Si je vois la vie comme une possibilité d'enseignements et de découvertes de moi-même, elle devient fascinante, à travers même des souffrances qui la jalonnent, des errances et des malentendus qui nous talonnent, des subtiles métamorphoses, de la maturation, qui nous poussent au-delà de nos limites.

Pour

DEVENIR ENFIN QUI JE SUIS DE FAÇON UNIQUE.

Changement

Les murs ne sont pas toujours
au-dehors,
mais, dans tous les murs,
il y a une lézarde,
dans toute lézarde,
très vite,
il y a un peu de terre.
Dans cette terre,
la promesse d'un germe,
dans ce germe fragile,
il y a l'espoir d'une fleur.
Et, dans cette fleur,
la certitude ensoleillée
d'un pétale de liberté.
Oui, la liberté est un germe,
même dans les murs les plus hostiles.
La liberté peut naître d'une fissure,
d'une rupture, d'un abandon.
Elle peut naître aussi
d'une ouverture,
d'un mouvement,
ou d'un élan de tendresse.
La liberté a de multiples visages :
elle est parfois la caresse d'un regard
qui a croisé le mien,
le rire d'une parole
qui a transformé la mienne
pour en faire un chemin.
Les murs, les plus cachés,
sont souvent au-dedans
et dans ces murs aussi,
il y a des lézardes…
Laisse pousser tes fleurs.
Elles sont les germes
de ta vie à venir !

Je balbutie enfin mes abandons

Avec vous, amour,
j'ai découvert les rires de l'abandon ;
j'ai entendu l'abandon-liberté
venu du plus profond de mon être.
J'ai appris l'abandon-amour
dont les sources et l'abondance me comblent.
Avec vous encore,
j'ai reçu l'abandon-paix
qui unifie mon corps, mon cœur et ma tête.
Je me suis éveillé à l'abandon-jouissance
qui sacralise mon ventre,
recentre mes pensées,
chante mes émotions.
J'ai amplifié chaque parcelle de mes relations
et me suis accordé ainsi à l'unité de l'univers.
Avec vous j'ai ouvert l'abandon-espace,
et rejoint l'ultime de l'horizon.
Avec vous toujours,
j'ai plongé dans l'abandon-infini
pour reculer plus loin mes limites.
Et au-delà encore, toujours avec vous,
plus loin que le ciel,
je suis devenu amour.
Dans cette liberté d'être,
j'ai approché et retrouvé
le divin en moi.

Oui, tout est là, réunifié en moi,
lorsque j'abandonne mes luttes stériles,
mes quêtes vaines, mes recherches éperdues,
et que j'ose l'entier du présent.
Avec vous, au plus proche du proche,
dans l'abandon-écoute de moi,
au plus près d'un nous émerveillé,
cette amplitude inouïe,
ce soleil révélé,
la vie ardente et pleine
avec vous.

Quel travail que de se former aux relations humaines !

Que d'errances pour quitter des croyances erronées !

Que de résistances pour lâcher des certitudes, des habitudes et des comportements répétitifs, ancrés si profondément dans l'évidence de nos habitudes.

Que d'impasses pour trouver ses propres réponses et accéder aux questions vivifiantes !

Que de tâtonnements, de sueurs et de larmes pour accoucher du meilleur de ses possibles !

Que de doutes et d'incertitudes dans la naissance de nos découvertes.

Que d'angoisses dans les craintes et les refus de notre entourage.

Que de malentendus avec ses proches ou dans le monde du travail pour simplement être entendu, seulement entendu.

Que de luttes pour pouvoir enfin se respecter.

Que de lâcher-prises pour accepter de s'aimer, simplement s'aimer.

Que d'humilité pour se rencontrer enfin dans sa plénitude.

À l'écoute des rires de la tendresse

Il faut savoir que les gestes de la tendresse sont plus fragiles que des boutons fraîchement éclos à l'aube d'un printemps, mais que leurs effets restent longtemps inscrits dans le souvenir de toutes nos saisons.

Nous sommes tous des nostalgiques de la tendresse, et notre mémoire, même incertaine, en garde la trace vivace au creux de nos errances.

Les gestes de la tendresse s'offrent dans la simplicité d'un regard, dans l'émerveillement d'un accueil, dans l'éveil d'une rencontre, dans l'imprévisible d'un abandon.

S'il arrive à la tristesse de suinter comme un cri silencieux, chez ceux qui ont vécu l'abandon ou l'incompréhension, la tendresse, elle, rayonne et répand sa générosité plus loin que le présent.

Il faut s'apprivoiser avec la tendresse, elle n'est pas acquise dans notre culture, mais si vous la laissez pénétrer, alors ses rires vous porteront vers le meilleur de vous-même.

À l'écoute des rires de la tendresse, la vie retrouve son mouvement le plus naturel, elle dansera en vous.

Ode à un maître inconnu

Il m'a offert avec son regard
la plénitude d'exister.
Il m'a fait découvrir avec son cœur
le pouvoir de me respecter.
Il m'a donné par son écoute
le goût d'entendre.
Il m'a émerveillé
et plus encore révélé le sens du beau.
Il m'a proposé un rêve
et plus encore celui de le réaliser.
Il m'a confié sa main
et plus encore un ancrage dans le réel.
Il m'a ouvert son amour
et plus encore à sa bonté.
Il m'a montré que j'avais une valeur
et plus encore de l'amour en moi.
Il m'a révélé mes émotions
et plus encore ma vivance.
Il m'a apporté des réponses
et plus encore initié aux vraies questions.
Il m'a accordé son attention
et plus encore réconcilié
avec moi-même.
Il m'a invité à me respecter
et plus encore à me responsabiliser.
Il m'a dit
« ce n'est pas moi
que tu dois aimer,
mais toi, que tu peux aimer. »
Je ne l'ai pas suivi,
je ne l'ai pas adoré,
Je ne l'ai jamais perdu
car il m'habite.
Il demeure juste à côté du meilleur de moi-même,
au cœur même de ma conscience.

Ah les mots...

Avec les mots offerts,
avec des mots accueillis,
on ne se méfie jamais assez !
Quelques mots déposés,
envolés,
n'ont l'air de rien,
des petits vents,
des petits sons,
des bribes de sens,
qui s'enracinent loin en nous !
Des mots de quelques lettres
accrochées ensemble
et on reste là,
suspendu au milieu de ses émotions,
en attente de tout.
Oui, de tout !
Les mots ont cette vocation
d'ouvrir le cœur
et de prolonger le temps,
bien au-delà d'une existence.

Les mots et les silences

Il m'arrive parfois de croire les mots si pauvres, si déformants ou si insuffisants que je doute d'eux.

Il m'arrive aussi de perdre l'enthousiasme, et même de désespérer d'être un jour réellement entendu.

Il m'arrive bien sûr de refuser, de rejeter et parfois de juger l'inacceptable qui me semble venir de l'autre, quand ce sont mon intolérance, ma détresse, ma vulnérabilité qui se cachent derrière.

Alors je rêve à des mots silencieux, à des rires secrets, à des sourires et à des gestes invisibles.

J'imagine une langue musicale, immédiate, pour créer le miracle d'une mise en commun, d'un partage inouï.

J'aspire à l'harmonie, à l'accord, au miracle d'un dire absolu où il serait possible d'entendre enfin l'essentiel de chacun en sauvegardant son mystère.

Non pour tout accepter, mais pour oser tout recevoir sans réticences et sans limites.

Quand je sais la rencontre comme un ciel étoilé, je n'ai d'autres prétentions à offrir que ce souffle de vie qui m'habite et me revient sans frontière.

Il y a aussi en moi des vigilances sereines apprises dans les solitudes pleines de ma vie.

Quand j'accepte cela, la paix resplendit.

Des mots encore et encore à inventer

Les mots témoignent
de nos errances et de nos tâtonnements.
Ils tentent parfois de dire l'essentiel,
quand celui-ci n'est pas pollué
par la violence des habitudes anciennes.
Les mots murmurent et offrent
les possibles de l'espoir,
quand celui-ci trouve un espace
où se blottir et être accueilli.
Les mots chantonnent doucement
la nostalgie des souvenirs,
quand ceux-ci ne se transforment pas
en amertume, en rejet ou en silence.
Les mots, comme vous le savez,
disent leur impuissance bien sûr,
et se protègent encore,
ne sachant jamais
comment ils seront reçus.
Les mêmes mots peuvent
nourrir ou maltraiter une relation.
Ils sont toujours à entendre,
car ils sont les gardiens,
les guides ou les fantômes
de notre recherche
la plus intime.

— 2 —

Propositions
et conseils

Je ne vous demande pas

Je ne vous demande pas plus d'amour pour moi,
je vous demande plus de tendresse pour vous.
Je ne vous demande pas plus de possibles pour moi,
je vous demande plus de liberté en vous.
Je ne vous demande pas plus de présence pour moi,
je vous demande plus d'intérêt pour vous-même.
Je ne vous demande pas plus de soins pour moi,
je vous demande plus de partages ensemble.
Je ne vous demande pas plus de désirs pour moi,
je vous demande plus de désirs envers vous.
Je ne vous demande pas plus de vie pour moi,
je vous demande plus de plaisirs au profond de vous.
Je ne vous demande pas de tout me donner,
je vous demande d'oser le meilleur de vous.
Je ne vous demande pas de ne pas me demander,
je vous demande d'inventer l'étonnement des demandes.

Si vous faites des projets

Si vous faites des projets pour un instant,
vivez l'intense du présent.
Si vous faites des projets pour un jour,
apprenez à vous respecter.
Si vous faites des projets pour une année,
osez vous aimer.
Si vous faites des projets pour une vie,
transmettez plus de vie.
Si vous faites des projets pour cent ans,
dédiez-vous à la formation
de l'être humain.
Si vous faites des projets pour plusieurs vies,
consacrez-vous
à l'amour uniquement.
Et si vous envisagez des projets pour l'éternité
alors là,
ré-inventez la vie.

Ne poussez pas !
Il y en aura pour tout le monde.
Des petits matins nacrés
Et des nuits étoilées,
des bonheurs pleins de trous,
des malheurs à deux sous.
Ne poussez pas !
Il y en aura pour tout le monde.
Des rires et des pleurs,
Des soupirs, des je t'aime,
Des départs, des espoirs,
Des attentes, des désespoirs.
Il y en aura pour tout le monde,
Des soleils et des ombres
Qui dansent une ronde.
Une ronde vagabonde
Qui embrasse le monde.

Poussez pas, bon sang !
Je vous dis qu'il en aura
Pour tout le monde.

Des naissances à venir,
Des peurs reconnues enfin comme désirs,
Des blessures-passages,
Des séparations-ouvertures,
Des partages-offrandes.
Attention, ne poussez pas,
Il y en aura pour tout le monde,
Des plaisirs-océans,
Des jouissances-opulentes,
Des rencontres-amours,
Des tendresses-oxygène,
Des regards-écologiques… oui je vous le dis, ne poussez pas !
Laissez-vous aller, seulement aller, là, oui venez, approchez !

Ne poussez pas !

Charte de vie pour un temps de vacances

Anticipez le ciel et le soleil,
pour permettre à l'horizon
de s'offrir les couleurs du désir.
L'attente du plaisir
est déjà du plaisir.
Ayez un rêve d'avance
sur chaque jour à venir.
Chaque matin éveillez-vous
dans le projet de ne rien faire,
pour oser un peu plus d'être.
Laissez grandir chaque instant
dans la fugacité du moment.
Dégorgez tous les rires engrangés
aux saisons des hivers.
Entrez dans le lâcher-prise,
renoncez à convaincre,
cessez d'argumenter,
pour entendre.
Seulement entendre,
et accueillir sans vous blesser,
tous les possibles des rencontres.

Recevez les rires
et les étonnements de l'imprévisible.
Ressourcez-vous aux lectures,
entrez dans la beauté du présent,
nourrissez-vous du profond de l'éphémère.
Plongez dans l'abandon
et partagez,
surtout partagez,
tout le plein d'un temps plus alangui.
Arrondissez l'espace de la convivialité,
nouez ou savourez des amitiés nouvelles
mêlées aux plus anciennes.
Retrouvez le goût du compagnonnage
et des repas de fêtes.
Et si vous n'avez pas le temps
de vivre tout cela,
prolongez votre rêve
jusqu'aux prochaines vacances.

Destins de rêves

Si vous lancez une brassée de rêves dans l'azur de l'air, vous en récolterez peut-être une partie qui retombera sur votre tête, une autre rejoindra certainement les attentes et les espérances de vos proches.

Mais souvent vous ne saurez pas ce qu'il adviendra du reste. L'essentiel atteindra sans doute l'écoute ouverte d'inconnus réceptifs dont vous ne soupçonnez même pas l'existence, ou encore — qui sait? — le regard tout neuf d'un enfant étonné.

Ainsi vous aurez semé ce plus de vie émerveillée, dont l'univers a tant besoin pour se régénérer.

Si maintenant, vous vous lancez dans l'observation attentive de la constellation de vos rêves, vous découvrirez que dans le lot, une poignée d'entre eux seulement sera susceptible de se transformer en projet.

Par miracle, quelques-uns coïncideront peut-être avec ceux d'un(e) que vous aimez. Vous comprendrez qu'il y a deux sortes principales de rêves : ceux que vous pouvez réaliser seul et ceux dont la concrétisation dépend de la participation d'un autre au moins.

Vous serez parfois surpris de vous apercevoir que vous avez oublié, que vous avez laissé en dépôt ou en caution chez quelqu'un, en garantie ou en gage quelque part, des éclats, des bribes ou même des pans entiers de rêve de vie. Il vous appartiendra de vous réapproprier ces rêves en jachère.

Vous en viendrez à reconnaître avec amertume, c'est à craindre, que certains de vos rêves ne sont que des contes que vous vous racontez, des châteaux de cartes qui reposent sur des illusions ou des leurres. Et vous aurez à admettre que nul autre que vous ne possède le pouvoir ou la faculté de renoncer à les alimenter, si vous souhaitez pouvoir en construire d'autres, peut-être moins ambitieux ou moins magiques, mais plus solides et enracinés dans la réalité.

Si toutefois vous constatez que certains de vos rêves sont l'occasion de belles rêveries stimulantes, si vous convenez que d'autres sont des utopies viables au service de causes légitimes qui peuvent vous porter longtemps sans vous épuiser, ni vous couper de vos responsabilités, alors il vous restera à voir comment vous occuper... vous-même de ces rêves-là.

Si vous acceptez enfin que le sort de certains rêves est parfois de rester en attente de réalisation ou de demeurer indéfiniment à l'état de rêve, partageable ou non, vous participerez à nourrir le fond imaginaire et symbolique de l'humanité.

Ainsi vous gagnerez en lucidité, en liberté et en inventivité, vous contribuerez à faire œuvre de créativité et vous respecterez le rythme respiratoire de la vie désirante dont le monde a tellement besoin pour ne pas s'asphyxier dans sa course effrénée vers des promesses de progrès.

Vous verrez qu'il arrive aux possibles du réel de surprendre parfois les rêves et de scintiller dans le ciel du quotidien.

Les priorités de la vie

Chacun d'entre nous a des priorités qu'il ne situe pas et ne revendique pas au même niveau, car elles concernent des strates de notre vie qui peuvent se révéler antagonistes.

« Quelles sont les priorités de la femme, de l'homme que je suis aujourd'hui ? »

« Quelles sont les priorités que j'ai comme mari, comme père, comme professionnel, comme ex-enfant, comme citoyen ? »

« Quelles sont les priorités que j'ai comme conducteur d'automobile ou comme formateur en relations humaines ? »

Il y a parfois en nous une confusion entre priorités et urgences.

L'inquiétude suscitée par une situation de crise, de conflit ou de menace nous entraîne à faire des choix, à donner la priorité à une décision plus qu'à une autre et cela sous la pression de sentiments plus ou moins diffus.

Ce qui caractérise l'urgence, c'est la dimension réactionnelle, je dirais même le non choix. Ce qui caractérise la priorité, c'est le dépassement du réactionnel pour une dimension plus relationnelle avec un choix plus conscientisé, plus réfléchi.

Un choix actif suppose des renoncements, des frustrations, un engagement plus clair ou encore le risque de ruptures douloureuses.

« À 35 ans, quand j'ai eu mon troisième enfant, j'ai donné la priorité à mon rôle de mère, j'ai renoncé à un poste professionnel important en acceptant de me consacrer à eux. »

« J'ai donné la priorité à mes convictions personnelles et à mes engagements politiques. Si j'avais accepté ce poste de responsabilité où je devais « dégraisser », licencier une partie du personnel, j'aurais eu le sentiment de me trahir. Je me suis retrouvé au chômage, et là, j'ai dû affronter d'autres choix plus intimes encore... »

Il ne m'appartient pas de définir les grandes priorités de la vie d'autrui, tout au plus puis-je énoncer les miennes ! Du moins celles qui me semblent importantes pour l'homme que je suis devenu aujourd'hui.

* Garder une autonomie financière et une indépendance sur ce plan.

* Rester fidèle à mes engagements quand l'autre ne les maltraite pas trop ou tant que mon seuil d'intolérance n'est pas atteint.

* Pouvoir me respecter dans toute relation, c'est-à-dire me sentir en accord entre ce que je sens, j'éprouve et ce que je dis, je fais.

* Prendre soin de ne pas blesser la vie, la mienne et celle qui m'entoure.

* Rester vigilant sur la qualité de mes relations proches, en évitant et en n'entretenant pas de relations énergétivores.

* Veiller à garder un niveau de conscientisation et d'ouverture pour accepter la remise en cause et l'interrogation sur moi-même.

* Rester ouvert à l'amour et accepter l'éphémère du bonheur.

Je suis conscient aujourd'hui qu'il y a, à la fois des constantes et des variables dans les priorités de ma vie.

J'ai découvert cependant que je pouvais être entraîné à vivre un conflit de priorités et que ma seule liberté résidait dans la liberté de faire des choix, c'est-à-dire de pouvoir renoncer temporairement ou plus durablement à des conduites, à des actions et même à des engagements, pour rester congruent et cohérent avec mes aspirations profondes.

Je souhaite qu'elles ne soient pas trop contradictoires et qu'elles puissent s'harmoniser entre elles.

Dans ce domaine, nous sommes seuls à affronter le prix à payer de cette liberté.

Prenez le temps

Ô oui, prenez de votre temps.
Prenez le temps de rire,
   c'est la musique de l'âme.
Prenez le temps de jouer,
   c'est le secret d'une jeunesse renouvelée.
Prenez le temps de lire,
   c'est la fontaine de la sagesse.
Prenez le temps de penser,
   c'est la plus grande force sur terre.
Prenez le temps de vivre la charité,
   c'est la clé du ciel.
Prenez le temps d'aimer et d'être aimé,
   c'est un privilège donné par la vie.
Prenez le temps d'être aimable,
   c'est un chemin vers le bonheur.
Prenez le temps de travailler,
   c'est le prix du succès.
Prenez le temps de dormir,
   c'est la condition pour tenir.
Prenez le temps de donner,
   c'est le gage du recevoir.

Prenez le temps de vivre,
     c'est le passeport vers le plaisir d'être.
Prenez le temps de réfléchir,
     c'est la source du renouvellement.
Prenez le temps de vous positionner,
     c'est le moyen de se respecter.
Prenez le temps de vous engager,
     c'est le levier de tout changement.
Prenez le temps d'écouter,
     c'est amplifier l'échange.
Prenez le temps de respirer,
     pour recevoir la vie à pleine vie.

Pour une éducation à la conscientisation

Il y aura un jour dans les familles, dans les écoles, une éducation à la conscientisation.

Je veux parler d'une éducation où chaque enfant sera invité à entendre, à amplifier l'éveil de ses possibles et au-delà, à reconnaître la parcelle de divin qui est inscrite en lui.

Une éducation qui l'autorisera à ressentir ce qu'il ressent, à éprouver ce qu'il éprouve à un moment donné. Une éducation qui lui permettra de pouvoir identifier ses sentiments réels à l'instant où ils les vit.

Une éducation où lui seront ainsi offerts les possibles d'un véritable apprentissage pour :

* affiner ses capacités de discernement,

* apprendre à distinguer entre écouter et entendre, regarder et voir, s'exprimer et communiquer.

Il y aura un jour dans les écoles un enseignement consacré à la sauvegarde du respect de soi et une formation centrée sur la découverte qu'une relation a toujours deux extrémités, une éducation qui sensibilisera chacun à l'importance de ne plus se laisser définir, asservir ou diriger.

Oui, il y aura une éducation consciencielle, qui sollicitera chacun à se sentir partie prenante de ce qu'il lui arrive et donc responsable de l'extrémité de la relation qui est la sienne, une formation qui l'invitera à se sentir attentif, vigilant et respectueux de l'autre extrémité (celle de l'autre qui est devant lui), dans la découverte et l'expérimentation de la différence, de l'unicité de chacun et de son altérité.

Il y aura un jour, dans les écoles, un enseignement pour :

* apprendre à protéger et à nourrir notre relation à l'UNIVERS,

* nous initier à vivre et à agir comme des êtres planétaires qui ne peuvent plus se contenter de gérer la planète TERRE à partir d'intérêts locaux, nationaux ou circonstanciels.

Il y aura un jour la nécessité de repenser les rapports de force enfants-adultes et au-delà les rapports d'exploitation qui violent si durablement l'existence de beaucoup d'humains...

Il y aura un jour...

Il y aura un jour, une écologie relationnelle qui fleurira entre les êtres et nous donnera des moyens concrets d'accéder, au-delà de l'espérance, à cette aspiration d'absolu et de paix qui habite chacun.

Il y aura une impulsion plus vitale qu'un besoin, plus ambitieuse qu'un désir, plus puissante qu'un éveil...

Il y aura un mouvement plus profond qu'un élan, plus large qu'un envol, plus généreux qu'une promesse...

Il y aura un idéal plus vivant qu'un rêve.

Il y aura le projet commun d'une charte de vie de bien-être, pour oser se proposer des communications créatives et des relations en santé entre les hommes et les femmes de ce monde.

Comment être un citoyen aujourd'hui

En acceptant de développer en soi une plus grande responsabilité de conscientisation.

En apprenant à être plus lucide, plus vigilant avec les modèles, les images, les explications de la vie et du monde contemporain qui nous sont proposées par les scientifiques, par les spécialistes ou par les politiques qui nous entourent.

En modifiant notre relation au savoir et au savoir-faire.

En acceptant de cultiver du savoir-être, du savoir-créer et du savoir-devenir.

Et pour cela apprendre donc à se respecter.

Se respecter comme personne, cela veut dire savoir se définir, se positionner, ne plus laisser les autres nous enfermer dans des jugements de valeurs ou des schémas mais affirmer ses positions, ses désirs, ses idées.

Affirmer ne veut pas dire imposer.

Se respecter, c'est le commencement de l'amour de soi. Non pas un amour narcissique et égocentrique, mais un amour fait d'estime, de confiance et de fiabilité en soi-même, en ses ressources et en ses possibles.

Ce n'est que par le respect de moi que je peux arriver au respect de l'autre dans ses différences et son unicité.

Être citoyen aujourd'hui, c'est envisager de changer sa relation à la terre qui nous porte.

Avec la mondialisation des échanges, il ne sera plus possible de gérer la planète Terre comme un bien particulier, national, idéologique ou matériel, obéissant à des intérêts locaux ou économiques, mais il faudra apprendre à la respecter comme un bien commun, précieux, unique et fragile.

En changeant surtout notre relation avec la nature. Cette relation est encore faite actuellement de trop de maltraitance, d'exploitation et de violence.

En acceptant d'établir avec elle une relation d'affection et de bienveillance, dans laquelle nous pourrions lui donner le meilleur de nous-mêmes.

Être citoyen aujourd'hui ne peut se résumer à l'appartenance et à la fidélité à un pays, mais nous invite à être concerné par tout ce qui touche à cette planète qui semble encore unique dans l'univers et qui a permis les débuts de l'humanité.

Être citoyen aujourd'hui, c'est être capable de s'engager pour des combats essentiels tels que la libre circulation des idées et des croyances, la tolérance ethnique, le devoir de conscientisation pour de meilleures relations humaines, et aussi, oser un apprentissage qui demande humilité et courage, celui d'avoir à reconnaître que nous sommes des infirmes de la relation.

Être citoyen, ce sera œuvrer pour le dépassement d'un système antirelationnel qui domine actuellement et que j'appelle le système SAPPE (Sourd, Aveugle, Pernicieux, Pervers, Énergétivore) qui se caractérise par cinq composantes :

* des injonctions (parler sur l'autre),
* des menaces (déposer des inquiétudes et des peurs),
* des disqualifications et des dévalorisations (insister sur ce qu'il n'a pas fait, pas dit, aurait dû dire ou faire),
* par des culpabilisations (attribuer à l'autre la responsabilité de son propre ressenti),
* le maintien des rapports dominants/dominés (avoir raison sur l'autre et vouloir le changer !).

Être un citoyen de demain, ce sera s'engager à lutter contre ses propres tendances à la violence et à la destruction. Car la pire des violences ne se fait pas, malgré les apparences, contre l'homme, même s'il est devenu aujourd'hui un prédateur redoutable pour lui-même, mais contre la vie. C'est la vie qui semble menacée. Il semble qu'il y ait moins de vivance dans la vie d'aujourd'hui qu'autrefois.

Être citoyen, au présent, se sera protéger la vie sous toutes ses formes.

Prenez le risque de vous respecter
et vous aimer.

Lâchez tous vos ressentiments,
n'en gardez aucun,
car ils sont semblables à des poisons
et polluent toute relation,
y compris la plus essentielle
la relation à vous-même.

N'entretenez plus accusations,
reproches ou critiques vaines,
et ne nourrissez plus vos rancœurs.
Renoncez surtout à vous disqualifier,
ne restez pas dans la victimisation,
et perdez les plaisirs trop faciles
de la plainte et des regrets.

Apprenez à être à l'écoute de vous,
dans le respect de vous-même.
Sécurisez-vous en prenant appui sur le meilleur de vous,
de l'autre aussi, quand il est proche de vous.

Encouragez-vous en osant reconnaître votre valeur.
Entre le besoin d'affirmation
et le besoin d'approbation,
lâchez la recherche de l'approbation.
Vivez au présent,
il y a tant d'éternité en gestation dans un instant.

Devenez coauteur de vos relations
en acceptant les possibles de la solitude,
et ceux, imprévisibles, de la rencontre avec autrui.
Vous serez ainsi le meilleur disciple
de votre propre vie.

Aimez-vous autant qu'il vous est possible de le faire,
et même un peu plus qu'il n'est nécessaire.
Pour introduire ainsi,
plus de vie dans l'existence,
plus de vivance dans votre vie.

Réflexions offertes

Un geste, une parole est semblable à un Janus, on dirait aujourd'hui un interface, une face tournée vers autrui, l'autre vers soi-même. Il y a d'un coté les intentions, le sens donné à ce geste, à cette parole par celui qui l'envoie, et de l'autre par le récepteur, une écoute spécifique pour le recevoir, l'accueillir, l'agrandir, le déformer, le dévoyer ou le rejeter, s'il n'est pas bon pour lui.

C'est donc le risque de tout geste, ou de toute parole, offert parfois comme un cadeau, une marque d'affection ou une intention positive, d'être parfois ressenti par le destinataire comme une violence, une agression, une disqualification ou encore avec une intentionalité maligne.

Il y a donc dans tout échange, une double interrogation. Chez celui qui envoie le message et chez celui qui le reçoit.

Chez celui qui envoie un message : le fait-il avec suffisamment de clarté, d'ouverture, est-il suffisamment décentré sur l'autre ou se sert-il de lui pour ses propres besoins ou objectifs ?

Chez celui qui reçoit : l'interrogation sur le message est plus complexe. Elle peut porter sur les intentions de l'autre. Que me veut-il réellement, avec tous les possibles d'une projection ? Mais elle peut aussi porter sur l'impact. Que touche-t-il, que réveille-t-il, que restimule-t-il en moi ? S'agit-il d'une réaction épidermique, d'une sensibilité particulière, d'une vulnérabilité actuelle, ou de quelque chose de plus profond, de plus douloureux, si cela remet au jour de vieilles blessures, des situations inachevées, des conflits non résolus ?

Si nous acceptons de part et d'autre d'être responsables de ce que nous ressentons, nous sommes aussi responsables du sens que nous donnons à un geste, à une parole.

Et, c'est bien en assumant cette double responsabilité que prendra toute sa valeur et toute sa dimension réparatrice, réconciliatrice, l'acte de restituer à autrui une violence reçue. Si j'enseigne combien il est important de ne pas garder un message négatif et indispensable de le restituer à celui qui nous l'a envoyé, je crois aussi, qu'il faut se garder de tout détournement de cette démarche, au travers d'un narcissisme aveugle. C'est une démarche exemplaire et donc à appliquer avec rigueur, cohérence et honnêteté.

Oser être un meilleur compagnon pour soi

C'est vous qui êtes au cœur de toutes vos relations,
ce qui ne veut pas dire au centre.
Vous êtes donc à l'origine de l'estime,
de l'amour et du respect que vous vous portez.

Vous êtes partie prenante de l'amélioration possible de la qualité de vos relations, ce qui ne veut pas dire que vous êtes responsable de toute la relation.

* Vous avez la charge ou le plaisir de l'entièreté de votre épanouissement et de votre bonheur.

* Ne comptez pas uniquement sur l'autre pour vous soutenir, pour vous rassurer et combler vos besoins, pour apaiser vos craintes ou protéger vos peurs.

* N'attendez pas de l'autre la réponse, interrogez vos questions, prolongez vos perceptions, écoutez votre ressenti et faites ainsi confiance à l'imprévisible qui vous habite.

* Osez vous définir et marquez la différence, quand l'autre tente de vous définir à partir de sa vision à lui.

* Rappelez-vous que dans toute situation, vous pouvez demander, donner, recevoir ou refuser. Vous avez en vous la liberté de refuser ou d'amplifier tout ce qui vient de l'autre, quoi qu'il vienne de l'autre. Cela s'appelle se définir.

* Expérimentez avec des projets et respectez vos rêves en créant du réel au-delà de la réalité. Dépassez vos habitudes et ce que vous croyez être vos limites en inventant vos possibles.

* Vous ne produisez rien que vous ne puissiez résoudre.

Chaque situation a une double polarité d'énergies négatives et positives. Au-delà du négatif, essayez d'entendre le sens de tout événement.

Vous ne butez sur aucun obstacle qui ne vous conduise à agrandir vos propres ressources.

* Prenez soin de vous réellement, journellement, sans démissionner dans les tempêtes et les crises.

* Vous êtes unique et extraordinaire... même si vous l'avez oublié.

* Vivez comme si vous étiez à jamais seul et acceptez de vous relier aux autres chaque fois que cela vous paraît possible...

* Voyez les autres comme des cadeaux et mieux encore, comme des présents qui enrichissent votre vie et la prolonge jusqu'aux rires de l'existence. La pire des solitudes n'est pas d'être seul, c'est d'être un compagnon épouvantable pour soi-même... en s'ennuyant en sa propre compagnie.

* Gardez-vous d'oublier que la plus grande des pauvretés n'est pas dans le manque mais dans l'ignorance et la négligence du meilleur de nous-mêmes.

* Alors n'hésitez plus, soyez un bon compagnon pour vous...
Votre vie saura vous le rendre au centuple.

Oser

Aller au-delà
de la dénonciation,
et plus loin
que l'analyse des obstacles,
vers une conscientisation,
et une ouverture
sur les ressources
ou les possibles
de chacun.

Gardons-nous des disciples

Méfions-nous des disciples,
gardons-nous de leur exaltation
et surtout de leurs certitudes trop récentes.
Leur fanatisme,
surtout quand il est sincère,
détruit le maître d'abord,
son enseignement ensuite.
Protégeons-nous du prosélytisme
de ceux qui veulent faire comme,
ou mieux,
que l'instructeur,
leur débordement devient une plaie
plus douloureuse que la blessure
qu'ils désirent apaiser.
Leur action la plus dangereuse
est dans leur besoin d'aider
et d'aimer à tout prix...
(qui cache souvent leur propre demande)
ceux qui ne le souhaitent pas toujours !
Soyons vigilants,
avec ces nouveaux Attila de la relation,
... aucune communication
ne repousse derrière eux.

Pour un art
de l'écriture
accessible à chacun

Passer du dedans au dehors, et du dehors, jusqu'à l'horizon d'un lecteur.

Passer de l'impression intime à l'expression par une mise en mots.

Passer à la mise en lettres, en phrases, en chapitres et être prolongé par l'impression d'un livre…

Quelle naissance, quelle aventure !

Prenez un mot, prenez-en deux, laissez-les jouer ensemble, approchez-les d'un troisième qui caresse suffisamment les deux premiers pour engendrer une phrase.

Ensoleillez l'ensemble d'un peu de rêve, d'un fait réel ou d'une fiction, osez une histoire et arrosez le tout avec un peu de sens, vous aurez le début d'un voyage, l'arrivée sur un continent nouveau, la plongée dans dix existences immortelles.

Une écriture vous habite, vous tenaille d'abord silencieusement.

Parfois elle se déchaîne et vous assaille dans les moments les plus inattendus.

Elle vous transporte, vous dépose pour vous agrandir dans le rire des étoiles, que sont les yeux d'un lecteur étonné de se sentir si proche, de se reconnaître, dans votre écriture, qu'il fait sienne, en accueillant au plus intime de lui des mots, des accords, des harmonies ou des résonances.

Un livre est un des moyens les plus confirmés de faire l'amour avec votre prochain, surtout si vous ne le connaissez pas, en le faisant rêver et voyager bien au-delà de vos propos.

Déposez les germes radieux de votre inspiration dans le nid d'une page.

Il en restera toujours un enfant émerveillé à naître au temps des achèvements.

Croyez en vous et, laissez croître, ainsi, un peu plus d'avenir.

Communiquer

Être communiquant

Un communiquant est surtout
un passeur d'émotions,
un amplificateur de liberté,
de rires et de larmes,
un transmetteur d'émotions.
Un communiquant est aussi,
à sa façon
un agent de changement
pour un monde meilleur.
Un communiquant,
ne l'oublions pas,
s'épanouit dans le partage,
dans l'offrande,
dans le recevoir,
même s'il sait refuser,
même s'il ose demander.
Un communiquant s'agrandit
dans le recevoir de l'amour
qu'il donne et accueille.
Un communiquant
n'a pas besoin d'autre chose
que d'entrer dans le cœur
d'un autre communiquant.
C'est le plus bel endroit
pour y vivre
une relation vivante.
Un communiquant,
c'est vous,
c'est moi,
dans un partage
de vous à moi,
de moi à vous.

Quand je te demande de m'écouter !

La tendresse dans la communication serait dans le possible d'une écoute ouverte, centrée, participative et agissante.

Quand je te demande de m'écouter et que tu commences à me donner des conseils, je ne me sens pas entendu.

Quand je te demande de m'écouter et que tu me poses des questions, quand tu argumentes, quand tu tentes de m'expliquer ce que je ressens ou ne devrais pas ressentir, je me sens agressé.

Quand je te demande de m'écouter et que tu t'empares de ce que je dis pour tenter de résoudre ce que tu crois être mon problème, aussi étrange que cela puisse paraître, je me sens parfois encore plus en perdition.

Si tu veux faire pour moi, tu contribues à ma peur, tu accentues mon inadéquation et peut-être renforces-tu ma dépendance.

Quand je te demande ton écoute, je te demande d'être là, au présent, dans cet instant si fragile où je me cherche dans une parole parfois maladroite, inquiétante, injuste ou chaotique. J'ai besoin de ton oreille, de ta tolérance, de ta patience pour me dire au plus difficile comme au plus léger.

Oui simplement m'écouter… sans excusation, ni accusation, sans dépossession de ma parole, sans tentative d'appropriation de ce que je te dis.

Écoute, écoute-moi quelquefois !

Tout ce que je te demande, c'est de m'écouter. Au plus proche de moi. Simplement accueillir ce que je tente de te dire, ce que j'essaie de me dire car c'est cela le plus difficile.

Ne m'interromps pas dans mon murmure, n'aie pas peur de mes tâtonnements ou de mes imprécations. Mes contradictions comme mes accusations, aussi injustes soient-elles, sont importantes pour moi.

Je ne me sers pas de toi, mais c'est vrai, j'ai besoin de toi à ce moment-là.

Par ton écoute, je tente de dire ma différence, j'essaie de me faire entendre surtout de moi-même. J'accède ainsi à une parole propre, à une parole mienne, celle dont j'ai été longtemps dépossédé.

Oh non ! Je n'ai pas besoin de conseils ou de rassurances dans ces moments-là ! Je peux agir par moi-même et aussi me tromper. Je ne suis pas impuissant, parfois démuni, découragé, hésitant, pas toujours impotent.

Si tu veux faire pour moi, tu contribues à ma peur, tu accentues mon inadéquation et peut-être renforces-tu ma dépendance.

Quand je me sens écouté, je peux enfin m'entendre.

Quand je me sens écouté, je peux entrer en reliance. Établir des ponts, des passerelles, certes incertains et fragiles entre mon histoire et mes histoires, mais j'avance.

Je peux relier des événements, articuler entre elles des situations, donner du sens à des rencontres ou simplement accepter mes émotions. Dans la trame de mes interrogations, tisser ainsi l'écoute de ma vie.

Oui, ton écoute peut être passionnante

S'il te plaît écoute et entends-moi.

Et, si tu veux parler à ton tour, attends juste un instant, que je puisse terminer et je t'écouterai à mon tour, mieux, surtout si je me suis senti entendu dans cet espace de moi plus ouvert à toi.

Principes minima de communication active

Pour en finir avec les fuites en avant dans les lieux communs ou le refuge dans les : « *c'est trop difficile…* », « *c'est trop compliqué…* », « *c'est facile en théorie…* », ou « *je n'y arriverai jamais…* ».

Pour sortir des alibis, des *a priori* et commencer à faire un pas en avant, avec un minimum de responsabilisation.

Pour apprendre à communiquer de façon active.

Pour jeter les bases d'une communication participative.

Pour développer une mise en commun dans la réciprocité…

Voici quelques règles élémentaires, à la portée de chacun :

* Puis-je prendre le risque d'utiliser le « **Je** ».

Ne pas parler « **sur l'autre, mais parler à l'autre** », à partir de ce que j'éprouve, de ce que je ressens, de ce que je pense ou envisage de faire.

Je prends ainsi l'entière responsabilité de ce que je dis et fais. Je m'implique directement face à l'autre et j'évite toute généralisation hâtive. Je découvre ainsi le respect de toute parole. Qu'elle émane de l'autre ou de moi, celle-ci témoigne toujours de ce que je suis à ce moment-là, elle me révèle ou le révèle.

* Puis-je renoncer à utiliser des jugements de valeurs, des disqualifications ou des accusations sur l'autre… et sur moi.

J'évite d'englober la personne dans une perception limitée ou en fonction de mes zones de tolérance, de mes croyances ou de ma sensibilité personnelle ce jour-là.

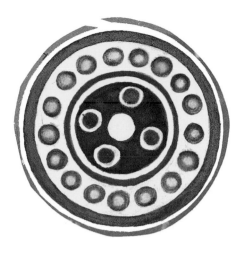

Je ne me définis pas par rapport à ce que j'aime ou n'aime pas, ni par rapport à ce que je crois différent ou semblable.

Je me définis par rapport à ce que je suis en cohérence avec ce que je ressens et éprouve.

* Puis-je inviter l'autre à exprimer son ressenti et tenter de témoigner du mien (seulement le mien) pour me permettre d'accéder à la partie la plus fragile, la plus intime et cependant la plus unique et authentique de la communication : le vécu personnel.

* Puis-je oser me respecter en maintenant ces positions-là, ou ces choix-là, quel que soit le positionnement de l'autre. Quand chacun se donne ainsi les moyens d'être responsable de ce qu'il dit, entend et fait, il devient co-auteur de toutes ses relations.

Il s'agit de mettre en pratique au quotidien, à partir de son propre engagement, quelques règles d'hygiène relationnelle pour accéder à plus de conscience.

J'appelle état de conscience celui qui permet à chacun d'accéder à ses potentialités.

C'est l'immense cadeau de la vie, de nous offrir suffisamment d'énergie pour nous relier, par l'intermédiaire du divin qui est en chacun… au nourrissement de l'amour universel.

Pour une invitation au partage des ressentis

Le véritable dialogue entre deux êtres proches passe par les possibles d'une réciprocité authentique, c'est-à-dire aussi bien par l'expression de sentiments et de vécus négatifs.

* Puis-je commencer par vous dire :

« Je vous demande votre écoute silencieuse et ouverte, respectueuse de mes ressentis, sans jugements, sans commentaires ironiques ou critiques, sans rejet. Seulement votre écoute au présent, votre présence.

C'est vrai, j'attends de vous une participation active à vous taire donc à m'accueillir pour qu'il me reste un espace où pouvoir me dire, une écoute participative pour que je trouve un écho où pouvoir me sentir entendu. »

* Oui, oser vous dire le bon qui me vient de vous, et surtout, me faire entendre sur la manière dont je l'ai inscrit dans mon corps, dans ma vie et comment je l'ai amplifié dans mes autres relations.

* Mais oser vous confier encore, le difficile, le désagréable, l'insupportable parfois, qui me viennent de vous, et comment ils retentissent parfois si douloureusement en moi, comment ils me blessent, me ferment ou m'éloignent de vous à certains moments.

* Vous proposer enfin, le possible d'une réciprocité.

« Je me sens capable d'une telle écoute vis-à-vis de vous, si vous acceptez de me dire à votre tour, le bon de moi en vous, mais aussi le plus difficile, le plus délicat ou le plus douloureux de moi en vous... »

* J'ai appris lentement, patiemment, maladroitement, parfois en passant par des tâtonnements, des impasses et des conflits possibles, qu'une relation pouvait ainsi se construire, s'enrichir, se nourrir et rester vivante avec de tels partages.

Je vous demande de m'accueillir ainsi avec toutes ces demandes qui sont les miennes, aujourd'hui. Et si cela vous paraît possible, de vous appuyer dessus pour aller à ma rencontre.

Nous sommes tous menacés par le Sahel relationnel

Nous sommes entourés de déserts relationnels où l'anonymat, l'indifférenciation, l'individualisme, l'uniformisation ont remplacé la personnalisation, la coopération, l'unicité et la convivialité.

L'avancée irrésistible de ces déserts a supprimé sans appel les oasis des rencontres, les sources fertiles des ententes, les torrents bouillonnants des partages intimes. Les rivières et les lacs d'autrefois, lieux d'échange et d'abandon, sont pollués de non-dits ou saturés de violences.

Le langage technique et réaliste s'impose dans toute sa sécheresse.

La poésie et l'humour n'irriguent plus les champs de l'imaginaire, les forêts de la fantaisie ou les horizons du rêve.

La communication est devenue fonctionnelle, la relation payante, les échanges tarifés. Les rapports minutés se sont codifiés.

Nous sommes bien entrés dans l'ère d'un Sahel relationnel.

Avec la raréfaction des relations proches réduites au minimum vital.

Avec l'apparition de mots en conserve, vidés de leur sens.

Avec l'instauration d'échanges réduits au minimum qui ne nourrissent plus le quotidien banalisé.

Avec l'oubli des enthousiasmes saccagés par la bureaucratie et les règlements.

Avec la désertification de regards qui ne voient plus.

Avec la désertification de la tendresse maltraitée par le rendement et la hiérarchie.

Avec la désertification de l'amour blessé par la vitesse, meurtri par le non-engagement et la crainte de l'intimité.

Avec la désertification des énergies naturelles assassinées au grand jour par nos aveuglements.

Oui, la vie se stérilise, la vivance se raréfie, s'évade à notre approche.

Le Sahel relationnel surgit toujours dans les sociétés de consommation, devenues sociétés d'autoprivation.

Les orages du désir n'arrosent plus les contrées inhabitées par l'aridité des solitudes. Les pluies vagabondes se sont peu à peu taries.

Enfouies sous des dunes de violences et de malentendus, dévitalisées par la rareté des rencontres, elles se sont évaporées dans les mirages de la consommation, des apparences et des faux-semblants. L'amour n'est plus suffisant pour ensemencer ces nouveaux déserts. La vie a besoin de bien davantage : le germe de relations vivantes.

Traverser une crise relationnelle

La période d'une crise correspond à ce moment de désarroi ou de panique qui agite un équilibre relationnel donné, quand les tendances conservatrices soucieuses de préserver la sécurité du connu et de l'acquis battent en retraite, de guerre lasse, vaincues par la fougue et la ténacité des forces du renouveau, à l'œuvre depuis parfois longtemps.

C'est le temps du « *quand c'est trop, c'est trop* », « *cette fois, ça suffit.* » C'est aussi celui des multiples tentatives de retour à l'état de fait antérieur à la crise.

Toute crise, qu'elle soit ouverte ou latente, franche ou larvée, est la manifestation d'une rupture, d'une discontinuité, le langage d'un changement qui s'opère. L'élément déclencheur en est souvent imprévisible. C'est la goutte d'eau qui fait déborder le vase.

La surprise sera d'ailleurs d'autant plus brutale, l'effet d'autant plus déstabilisant, que nous avons pris pour habitude ou pour principe de tenir soigneusement en respect les clins d'œil, les signaux ou les appels au changement qui nous abordent sur le chemin de la vie.

Pourrions-nous apprendre à appréhender les crises, non pas dans le sens de les craindre, mais dans celui de saisir les opportunités de décision qu'elles contiennent ?

Pourrions-nous apprendre à les traverser, et à accepter ce qui, après la crise, ne pourra désormais plus être comme avant ?

Si les crises sont portées par le mouvement de la vie qui flue en nous, et qui fait que tout sur cette terre est appelé à se transformer et à muter, les crises sont aussi porteuses de nouvelles naissances.

Évidemment,

    quand je ne suis pas l'instigateur du changement,

    quand ce n'est pas moi qui l'initie,

    quand il ne se produit pas dans ma direction ou en ma faveur,

    quand il ne rejoint pas mes positions,

la crise est alors aiguë et très douloureuse pour... moi.

Elle risque aussi, par conséquent, de le devenir pour... l'autre !

Le bouleversement entraîné par certains changements chez lui me chamboule et m'insécurise à mon tour. À tel point que j'ai alors tendance à déposer cette angoisse sur celui qui se cherche, qui tâtonne, hésite, doute, chez celui qui se trouve, ou se perd, dans les tumultes de son propre changement.

Ce sont bien mes propres conflits intrapersonnels que je vais extérioriser, et qui vont venir s'ajouter aux conflits intrapersonnels qui habitent l'autre. Seulement, faute de les reconnaître et de les identifier en tant que tels, ils vont s'accumuler dans la relation et l'encombrer au-delà de ce qu'elle peut contenir. Ils seront souvent traités maladroitement, parce que par erreur, dans une scène ou une empoignade avec l'autre, comme s'il était question de véritables conflits interpersonnels.

S'il n'est pas coutumier de concevoir une crise relationnelle dans cet esprit, nous avons pourtant beaucoup à découvrir en nous-mêmes, en introduisant cette perspective dans nos représentations.

Tout changement, qu'il vienne de moi ou qu'il vienne de l'autre, ouvre une crise interne qui va m'atteindre dans des couches plus ou moins profondes selon la nature de la crise, selon mes failles et mes zones de vulnérabilité.

C'est à moi d'en écouter les échos, si je veux entendre mes résonances.

C'est à moi d'explorer les mobiles de mon combat, si je constate que je m'acharne à tenter d'empêcher l'autre de changer et de se rencontrer. En lui permettant d'accéder au meilleur de lui-même, avec ou sans moi,

peut-être vais-je aussi rencontrer le meilleur de moi ?

Privilégier la relation

Au-delà de la beauté,
de l'intensité
ou de l'ampleur
des sentiments…,
il y a la relation.
Et, surtout le respect
de soi et de l'autre
dans cette relation.
Pouvoir se respecter,
c'est s'appuyer
sur la capacité
de s'aimer soi,
et de se reconnaître
une valeur indépendante
de celle qui nous vient
de l'aimant (e), de l'aimé (e).

Une bouche
à paroles

Cheminer longtemps,
    tenacement,
    assidûment,
    patiemment,
sur tant de chemins,
par tant d'errances,
pour oser enfin ouvrir
    mes yeux
sur mon passé, sur mon histoire,
sur toutes les histoires que je me suis
inventées pour survivre
et dont certaines sont devenues vraies.
Pour retrouver une bouche
    et parler.
Pour sortir du silence-plaie
et ouvrir le silence-blessure.
Pour accueillir des mots à moi
et articuler sans ruminer,
    sans cracher,
    sans proférer,
    sans vomir.

Une bouche à témoin
pour oser appeler et crier
et m'entendre pleurer et rire.
Oh! oui, rire de toutes mes peurs,
de toutes mes souffrances vaines.
    Rire de mes pièges,
    de mes interdits.
    Caresser mes désirs horizons.
    Laisser naître enfin
    une bouche à paroles
    pour ne plus m'enfermer
    dans la solitude de mon existence
    pour oser enfin la partager.

— 4 —

Relations
parents-enfants
& enfants-adultes

Prière d'un enfant aux adultes d'aujourd'hui

Au nom de tous les enfants
je vous demande d'arrêter
de maltraiter la Terre,
de cesser de saccager l'avenir
par des pollutions irréversibles.
Je vous supplie d'établir avec elle
une relation de bienveillance,
de respect et d'amour.
Au nom de tous les enfants
je vous demande d'arrêter
de fabriquer des mines
et des engins de destruction
qui mutilent mes frères.
Je vous supplie d'établir un accord
qui rende fiable chaque espace de vie,
où nous allons marcher, vivre
et danser encore longtemps.
Au nom de tous les enfants
je vous demande de partager,
d'offrir l'essentiel, c'est-à-dire,
de permettre à chacun d'entre nous
de manger à sa faim et de se développer
au mieux de ses ressources.
Je vous supplie d'établir les bases
d'une meilleure répartition
des richesses de cette planète.
Au nom de tous les enfants
je vous invite à réfléchir ensemble,
vous les adultes de toutes races,
de toutes couleurs, de toutes confessions,
à notre avenir.
Chaque enfant est votre part d'éternité,
il est possible de lui donner
le meilleur de vous.

Lettre d'une fille
à son père

Je voudrais, avec le plus de simplicité possible, te dire que je me reconnais comme ta fille et que je te vois bien comme mon père.

C'est vrai que pendant des années et parfois encore aujourd'hui, je t'ai perçu comme trop puissant et même dangereux.

La petite fille, en moi, n'est jamais loin quand je suis près de toi.

Trop souvent, quelque chose d'indéfinissable m'arrête dans mes élans vers toi, bloque ma spontanéité, me dévie de notre rencontre.

Je sens bien que je ne suis pas toujours très claire, que je mélange en moi toutes les images différentes que j'ai de toi.

Image nostalgique du papa.

« Mon petitpapa », comme je disais en un seul mot quand, déjà, je me croyais « grande » à cinq ou six ans et que, grimpée sur tes genoux, je mettais mes doigts dans tes oreilles, que je me lovais, câline, dans ton gros pull-over.

Image haïe du père critique.

De celui qui exigeait toujours plus, insatisfait, jamais content de ce que je pouvais faire et surtout de ce que j'étais.

Image plus mystérieuse, plus ambiguë aussi du mari de ma mère.

De cet homme que je trouvais trop tyrannique, face à elle, trop soumise.

Quand vous vous disputiez, c'était l'apocalypse. Je croyais voir la terre éclater, la maison se déchirer, la foudre me tomber sur la tête. J'avais la certitude d'une catastrophe imminente, que la famille allait se dissoudre, emportée par la violence de cette colère de toi envers ta femme, ma mère.

Image paradoxale du petit garçon en toi.

Du petit enfant, que parfois je percevais au fond de toi, surtout quand tu étais devant ma grand-mère. D'un seul coup, tu devenais méconnaissable, contradictoire, à la fois soumis et injuste, capricieux ou silencieux, rageur ou impuissant parce que blessé au plus profond par les remarques de cette mère qui avait eu tant de mal à être une maman !

Image insupportable du travailleur fatigué.

De l'homme, qui revenait à la maison avec encore « *tant de choses à faire* ». Par ton travail, qui envahissait tout l'espace d'une soirée, ne laissant aucune place à la tendresse, à l'échange, au partage ou simplement à la présence et aux rires.

Image contradictoire de l'homme.

Que je sentais parfois amer, distant, préoccupé, taciturne tantôt… rêveur, parfois imprévisible dans ses fantaisies ou blessant par sa présence trop proche.

Tu vois, Papa, ce n'est pas facile pour un enfant et même pour une ex-enfant de s'y reconnaître dans toutes ces images, toutes ces représentations qui se superposaient et s'entrechoquaient entre réalité et imaginaire.

Ce n'est pas facile, non plus, de m'y retrouver dans tous ces désirs si contradictoires à ton égard. Il y a encore en moi une quête si vive de te faire plaisir, de t'obéir, de ne pas déclencher de tempêtes sur ma tête… et en même temps un désir tout aussi violent de te dire :

« Je ne suis plus une enfant, je suis une femme, une mère, une adulte, une professionnelle appréciée… Je revendique des échanges d'adulte avec toi ! »

Et puis, je veux te dire que je sens toujours présente en moi l'attente, jamais pleinement satisfaite, que tu puisses recevoir mon amour d'enfant, de fille, de façon inconditionnelle. C'est un amour absolu, si total et entier qu'il est souvent maladroit, mais c'est mon amour à moi pour toi. Papa, j'ai trente-cinq ans cette année et le temps me bouscule. Quand j'étais petite, je pouvais m'approcher, te toucher, t'embrasser sans risque, ni danger.

En grandissant, c'est curieux, c'est comme si j'étais devenue plus fragile… vis-à-vis de toi, et toi à mes yeux encore plus grand et plus faible à la fois.

La plupart des malentendus qui existent entre nous, Papa, remontent à l'époque de mon adolescence. Ils se sont déplacés sur les mots, se sont cristallisés sur les conflits d'idées. Apparemment nous ne sommes d'accord sur rien, tout semble nous opposer. Tu veux toujours avoir raison… Tu ne supportes aucune remarque, aucune critique, que tu vis comme une remise en cause, une atteinte définitive. Alors, je m'oppose, je me replie, ou je manipule mes demandes.

Je cache mes vrais besoins d'échanges avec toi. Je ne montre pas qui je suis réellement. Je n'ai pas encore accédé avec toi, à une place d'adulte à part entière.

Le plus terrible et le plus merveilleux, c'est que je te sens être papa avec mes propres enfants, un grand-père fabuleux, patient, attentif, souple, juste et accordé. Je te vois être avec eux, tout comme j'aurais aimé que tu sois avec moi. Parfois, j'en pleure de rage et de nostalgie, car je sais que cela ne sera plus possible, mon temps d'enfance est achevé, même si mon besoin de papa a grandi en même temps que moi.

Oui, Papa, je suis grande.

Je veux te dire encore l'infinie reconnaissance que je nourris à ton égard. C'est à toi que je dois, dans ton alliance avec maman, le plus beau des cadeaux : la vie.

Mais, aujourd'hui, ce n'est plus suffisant.

J'aspire à plus, je veux entrer dans plus d'existence. Pour moi, exister c'est être reconnue par l'autre, par toi, surtout par toi d'abord, et reconnue telle que je me sens.

Papa,

il suffirait, chez moi, d'oser par exemple te prendre contre moi, à pleins bras, sans retenue.

Il suffirait de te dire « *je t'aime* » et de me laisser aller toute entière à te donner mon amour sans réticence, sans contrepartie.

Il suffirait chez toi, de m'accueillir, de ne pas me tenir à distance avec des mots en conserve, des mots écrans, trop tranchés, trop définitifs.

Il suffirait de ne pas m'enfermer dans tes jugements de valeur, sur ce que je fais ou ne fais pas, sur ma façon de vivre ou de me comporter...

Il suffirait d'un peu d'écoute tolérante, accordée... simplement me recevoir.

Il suffirait de ne pas t'abriter sans arrêt derrière maman quand je t'appelle ou téléphone.

Il suffirait de petits riens.

Sais-tu, Papa, quelle est la demande la plus importante que souhaitent pouvoir adresser toutes les filles à leur père ?

Approche-toi, je vais te la chuchoter doucement à l'oreille :

« *Papa, je voudrais que tu me voies comme une femme, mais que tu ne me regardes pas comme une femme.* »

Un dernier mot encore : « *Je ne voudrais pas attendre que tu sois sur un lit d'hôpital, malade ou dans le coma, inconscient pour oser te dire tout cela... Je veux oser l'énoncer maintenant, aujourd'hui.* »

Ta fille qui t'aime.

Supplique
d'un enfant
à ses enseignants

Apprenez-nous l'enthousiasme,
Enseignez-nous l'étonnement de découvrir.
N'apportez pas seulement vos réponses,
Réveillez nos questions,
Accueillez surtout nos interrogations.
Appelez-nous à respecter la vie.
Apprenez-nous à échanger,
à partager, à dialoguer.
Enseignez-nous les possibles
de la mise en commun.
N'apportez pas seulement votre savoir,
Réveillez notre faim d'être.
Accueillez nos contradictions
et nos tâtonnements.
Appelez-nous à agrandir dans la vie.
Apprenez-nous le meilleur de nous-mêmes.
Enseignez-nous à regarder,
à explorer, à toucher l'indicible.
N'apportez pas seulement du savoir-faire,
Réveillez en nous le goût
de l'engagement, des responsabilités.
Accueillez notre créativité
pour baliser un devenir.
Appelez à enrichir la vie.

Apprenez-nous la rencontre avec le monde,
Enseignez-nous à entendre
au-delà des apparences.
N'apportez pas seulement
de la cohérence et des bribes de vérités,
Éveillez en nous la quête du sens.
Accueillez nos errances et nos maladresses,
Appelez-nous à entrer dans une vie plus ardente.
Devenez plus fiables en prenant au sérieux nos rêves.
Rangez vos critiques et vos jugements.
N'opposez pas d'obstacles,
Aidez-nous à les dépasser.
Il y a urgence vitale.

    C'est possible de nous rencontrer ainsi.

— 5 —

Deuils & séparations

Re-naissances

« La vie n'est qu'une succession de naissances. »

J'étais assoupi
    je me suis éveillé
j'étais fatigué
    et je me suis régénéré
j'étais insensible
    je peux m'exalter
j'étais aveugle
    je recouvre la vue

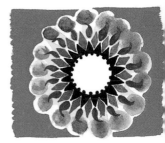

j'étais muet
    j'entends mes paroles
j'étais sourd
    je m'ouvre à l'écoute
j'étais pressé
    je découvre le repos
j'étais sombre
    je pars en éclats de rire
j'étais dans le faux-semblant
    j'apprends l'authenticité
j'étais asservi
    je me suis affranchi
j'étais avide
    je me reconnais plein
j'étais éparpillé
    j'accède à l'essentiel
j'étais un être d'habitudes
    j'accueille l'imprévisible
j'étais dans mon passé
    je me trouve au présent
j'étais en survie
    j'entre enfin dans la vie.

À l'automne
d'une vie

« Je suis à la retraite, me disait-elle, et pour la première fois de ma vie, je ressens chaque jour comme une libération. Pour la première fois de ma vie, je me sens libre de choisir enfin seule. Chaque minute m'appartient, je n'ai de compte à rendre à personne. Et ce que je possède est bien à moi, même si mes moyens sont limités. J'éprouve un sentiment de liberté extraordinaire, comme si enfin je ne devais rien à personne.

Je suis devenue la personne au monde la plus importante pour moi. J'ai la fantastique sensation que ma vie commence, que j'ai tout mon avenir devant moi.

Le plus extraordinaire, c'est cette modification de mon rapport au temps. Jusqu'à maintenant, je n'avais pas la primauté dans l'usage de mon temps et de mon énergie. J'étais seulement détentrice d'un dépôt, usufruitière au service de mes proches. J'étais en servitude volontaire au service de chacun.

Maintenant, c'est vrai, je me sens plus riche, propriétaire de mon temps, de mes ressources et même de mon regard. Je me vis prioritaire dans leurs bénéfices et leurs bienfaits. J'en ai acquis une incroyable assurance et, je l'avoue, une sécurité que je n'ai jamais ressentie.

Pour l'instant, je tâtonne, j'expérimente, parfois anarchiquement, mais toujours voluptueusement, cette vertigineuse liberté dans ses moindre miettes. Lire par exemple, plaisir inouï de l'esprit, de l'imaginaire, agrandissement du temps et de l'espace, bonheur entier, plein ouvert.

Oh ! je sais aussi que je m'achemine vers un ordre, une sagesse, des limites et des exigences librement choisies. L'essentiel est vraiment à l'intérieur.

Ainsi j'actualise mon univers, je range, je jette, je donne, je me dépouille de tant de superflus, de tant d'objets périmés et de souvenirs dépassés. Je me débarrasse de ma vieille vie. Je garde le meilleur, et je pardonne au contrat de mal-être avec mon histoire et je pardonne beaucoup à mon passé, c'est-à-dire à moi-même.

Je m'apprivoise à l'idée d'écrire, chaque jour, comme une ascèse. Il y a en moi tant de projets d'écriture, portés au creux de mon ventre depuis tant d'années.

La retraite ! Quelle mise en liberté de créativité.

Rien ne me fait plus peur, rien ne me paraît impossible, la vie vivante quoi ! »

Elle me disait tout cela à l'automne fleurissant de sa vie.
Et je crois qu'elle fut fidèle à toutes les saisons
de son existence à venir.

Perdre son père

Perdre un père,
c'est surtout perdre un papa.
C'est une perte irrémédiable,
car avec la mort d'un père,
nous perdons à jamais le papa qu'on a jamais eu,
parce qu'il n'avait été justement qu'un... père.
La pire des pertes n'est pas celle d'un père,
quand il n'a jamais été là ou très rarement présent.
La perte inconsolable,
car insondable à jamais,
est celle d'un papa emprisonné dans sa gangue de père.
Au-delà des mots imaginés dans sa tête,
répétés cent fois dans son cœur,
et jamais exprimés au temps de l'enfance.
Au-delà des maladresses, des tentatives vaines,
des plaisanteries déposées ou chuchotées,
murmurées dans l'émotion d'un instant, à l'âge adulte.
Et puis, en fin de vie,
au-delà des phrases trop hachées,
autorisées par la maladie, par le silence d'un coma,
avec en suspens tous les élans retenus, tous les gestes oubliés,
tous les possibles de la tendresse et de l'abandon,
tout ce dont nous nous sommes privés
durant les années de maturité.

Perdre un papa,
c'est un tremblement de terre intérieur,
c'est un cataclysme relationnel,
qui réveille des séismes plus anciens
dans les strates secrètes d'une existence
d'ex-enfants masqués sous les responsabilités.
Alors il nous faudra, pour rester vivaces,
nous accorder de renaître
dans ce changement de génération.
Pour accorder la femme,
l'homme, qui est en chacun
à l'ardance de la vie,
à l'embellie des désirs.

Ô ma mère

Au crépuscule d'un printemps,
à l'orée de l'été,
c'est toi, ma mère,
qui m'a quitté et que je pleure,
en ces jours d'incertitudes.
C'est toi maman,
que j'appelle encore et encore.
Et me reviennent
les mille souvenirs de ta présence.
Tu savais reconnaître l'aimable
en chacun, avec une générosité
sans faille et une ardeur toujours renouvelée.
Combien de fois, t'ai-je taquinée,
bousculée et parfois irritée ?
Combien plus de fois, encore,
t'ai-je interrogée,
désorientée, inquiétée
dans les grands mouvements de ma vie d'enfant,
d'adulte, de mari, de père,
et même d'homme public !
« Il passe même à la télé, vous savez,
il peut parler deux heures sans s'arrêter... »,
ou encore, ton étonnement ravi,
« Il en sait des choses ! ».
Autant de petites phrases cadeaux
qui contribuaient à ton bonheur.

Ô maman,
le fil scintillant et précieux
est coupé.
Je ne te prendrai plus dans mes bras d'homme,
la petite boîte à bisous, offerte l'an passé,
restera vide désormais de ton appétit joyeux,
de ton regard et de tes attentes.
Et tant de petits signes infimes,
qui circulaient entre nous
hors des distances et du temps.
Aujourd'hui, je n'ai plus d'avant-garde,
je suis projeté, en première ligne,
aux avant-portes de la vie.
Je change brutalement de génération.

Je suis obligé de grandir
encore un peu,
tout seul maintenant.
Plus seul encore,
doutant soudain d'être aimé.
J'ai le cœur
comme un oiseau, frémissant
à son premier envol.
Si vulnérable,
il cogne à l'intérieur
à petits coups rageurs
et parfois s'emballe, rugit.
Et ce froid soudain,
à l'annonce de ta disparition
« le cœur s'est arrêté,
autour de quatre heures,
au goûter ».
Et d'un seul coup,
tous les goûters de mon enfance sont revenus,
palpables, joyeux, vivants,
quand tu me regardais
manger, paisible,
éprouvant dans ta bouche,
chacune de mes bouchées voraces,
et m'initiant par ton regard
à toute l'acceptation du monde.

J'avais vraiment, dans ces moments-là,
une maman unique.
Tu l'es restée,
car je ne peux te comparer à aucune.
Pourquoi encore, ces larmes-torrents?
Parce que tu n'es plus là.
Pourquoi parfois, ce sourire apaisé?
Parce que tu es toujours là.
Je rejoins ces jours l'univers immense des orphelins.
Les murmures de la vie ne vont pas se taire,
ils se font simplement plus ténus,
plus intenses, plus profonds
et soudainement plus graves.

Le 1er Mai 1994

Paroles de femmes après la mort d'une mère…

«Tous ces jours, la vie me sculpte et me bouscule. Je suis toute fissurée. Je n'ai pas d'autres choix que de toucher au plus près ma vulnérabilité, ma fragilité, le fond de mon angoisse.

Durant la période des dernières fêtes de Noël, je me suis longuement isolée pour me permettre de sentir, d'éprouver et de vivre au profond de ma douleur que m'a causé la mort subite de ma mère.

Et me voilà devenue volcan, tempête, chaos. Sourdent en moi la colère, les larmes, les cris. Je suis devenue rugissements et poings levés au ciel. Voici ce que me montre la face cachée de ma planète noire.

Sur l'autre face, l'absence de ma mère me permet de rencontrer et de découvrir un homme, mon père. Ce presque inconnu, ce silencieux, cette menace imprévisible toujours trop proche.

Je reconnais enfin tous les sentiments que j'éprouve pour lui. J'entends, toute étonnée, son amour et sa tendresse pour moi.

Nous recréons ensemble, à coups de balbutiements, une confiance enfouie, depuis trop longtemps oubliée. Ma sœur m'a appris que lorsque j'étais enfant, mon père et moi étions comme deux doigts de la même main. Je devrais dire que mon papa et moi étions comme les doigts d'une main. À quel âge, par quelle catastrophe, j'ai perdu ce papa pour tomber sur un père absent, présent?

Je n'ai aucun souvenir de cela.

Dans une boîte à chaussures, bien rangée chez mon père, j'ai retrouvé une photo de moi, vers l'âge de cinq ans, non pas à côté de lui, mais sur ses épaules, bien debout ! J'y suis triomphante, victorieuse de je ne sais quel combat ou victoire.

D'avoir vu cette image change la vision de mon enfance, de ma relation à lui et celle que j'ai eu au monde, avec des hommes surtout. Mais tout cela reste si frêle, si ténu. Je ne me sens ni glorieuse, ni triomphante. Je me vois brisée, inachevée. Je me demande si je pourrais à nouveau devenir un être créateur, productif. Je ne suis pas là où j'aurais cru me trouver à ce stade de ma vie, à près de quarante ans...

Que de déceptions, de désillusions accumulées. Je suis en train de lâcher prise sur tous mes faux espoirs pour rejoindre l'espérance, l'effleurer, m'apaiser en elle.

Par sa mort, je découvre qu'une maman proche devient soudain une mère inaccessible. Que n'ai-je appris à mieux me définir, à me positionner, à prendre le risque d'avoir de la désapprobation, moi qui avait tant besoin d'être reconnue.

J'avance ainsi... »

La mort soudaine d'un bébé est aussi un message de vie

« Il est venu au monde et je l'ai perdu avant même de le rencontrer », m'a dit cette femme.

À cette époque je n'ai pas su lui dire ce que je sais aujourd'hui.

Que certains bébés, certains enfants se « donnent la liberté » d'apparaître, de seulement se montrer, pour susciter l'envie à l'un de leurs parents de naître enfin ou d'accéder à plus de vie dans leur propre existence.

Certains enfants ne sont que de passage pour montrer à l'un ou l'autre de leur géniteur un chemin pour témoigner d'un choix de vie à faire.

Certains enfants, par leur mort subite, invitent leurs parents à oser un changement qu'ils n'avaient pu envisager... jusqu'alors.

Certains enfants ont ce pouvoir de dire par leur présence fugitive et furtive, puis par leur disparition brutale : « Ose ta vie, toi seul la vivras. »

Nous pouvons ainsi écouter et entendre le message secret envoyé par ces enfants dont la présence si éphémère nous blesse à jamais si nous restons sourds à leur message d'espoir.

Ode pour un enfant perdu

« Il s'est noyé un soir d'été, m'avez-vous confié
et son corps n'est jamais revenu… »
Un jour sans prévenir il s'est dérobé à la vie
dans un trop plein de désirs,
un trop vif de vivance, à l'aurore de l'été.
Il a voyagé longtemps
entre deux eaux,
entre deux lumières, pour tenter
d'éteindre infatigablement le repos
de ses deux bras tendus.
Il a subi le silence, les peurs
et le froid. Mais il a découvert
les chemins secrets de l'univers,
le mouvement infini des origines
et l'errance des étoiles.
Il ne savait pas que sa mère
l'alimentait de ses pensées
pour lui donner inlassablement
la vie en souvenir
pour le garder en entier au présent de sa chair.
Aujourd'hui le voyage se termine.
L'enfant perdu a regagné le port,
près d'un rivage lointain
tout près du soleil levant.
Il a retrouvé la barque légère de son enfance,
qui le conduira doucement vers la paix conquise.

Lettre à une maman

Lettre à une maman dont l'enfant avait pris la décision
de ne pas vivre au-dehors de son ventre.

Madame,

Je vous remercie de votre confiance et de la sincérité de votre lettre. Voici ma position par rapport à la mort d'un bébé et mon écoute d'homme par rapport à cet événement.

Oui, je crois que tout événement a un sens, ce qui veut dire que nous sommes responsables, non au sens d'une faute, mais partie prenante de tout ce qui arrive dans notre vie.

Oui, je crois qu'il faut parfois accepter d'entendre son corps, quand il nous dit à sa façon qu'il ne peut pas accompagner plus loin un bébé qui l'habite. Notre corps se respecte en provoquant par exemple une fausse couche ou en introduisant un dysfonctionnement, dans sa relation avec l'embryon ou avec le fœtus.

Oui, je crois aussi qu'un bébé est partie prenante, à sa façon, de son séjour dans un ventre. Vous savez, je n'ai jamais vu un utérus tourner autour du cou d'un bébé, mais j'ai souvent entendu qu'un bébé pouvait s'amarrer, à sa façon, avec plusieurs tours de cordon, pour des enjeux qui lui appartiennent et qui nous échappent, à nous adultes. C'est un des mystères de la vie humaine, envers lequel il convient d'avoir beaucoup d'humilité.

Oui, l'évasion prématurée d'un bébé fait une violence terrible à celle qui l'a porté durant plusieurs mois, à celui qui l'attendait pour l'accueillir. Et c'est important d'accepter de reconnaître qu'un petit fœtus, un bébé de quelques mois avec son non-désir d'existence peut faire ainsi une violence terrible à notre désir de le voir vivant et bien portant. Qu'il nous met en échec dans notre tentative de devenir mère ou père.

Les fausses couches, la mort *in utero*, l'arrêt d'un parcours de vie, ont un sens qui nous échappe, mais qui inscrit au-delà de la blessure un message de vie qu'il nous appartient d'entendre.

Oui, il est important de donner une tombe à un bébé mort *in utero*. Lui donner un lieu où il sera possible de poursuivre un dialogue avec lui. Pour lui dire, par exemple, tout l'amour engrangé pour lui durant tous ces mois et qui reste inachevé, inemployé. Pour lui dire, et lui « restituer » sous forme symbolique la « violence » (l'incroyable violence) qu'il nous a faite en disparaissant aussi brutalement.

Il devrait être possible de donner un nom, et d'inscrire sur le carnet familial les enfants morts durant la gestation. Je trouve cette démarche extrêmement juste et importante à faire.

Oui, celle qui perd un enfant dans ces conditions a le droit de ressentir, d'éprouver face à cet événement des émotions et des sentiments différents de ceux de son partenaire.

Oui, il est possible aussi d'accepter de reconnaître notre aveuglement aux pressentiments, aux signes qui indiquaient que cette grossesse osait des interrogations et réveillait des tensions dans le couple ou dans le projet de vie.

Ainsi, peut-être accepter de se réconcilier avec le meilleur de soi, cette partie de nous qui a été ébranlée, mise à dure épreuve par l'incompréhensible d'une telle perte et par l'injustice.

Merci à vous de me lire, de me relire peut-être, car il est possible que certaines phrases vous choquent, ou n'entrent pas dans vos croyances et votre vécu du moment.

— 6 —

La vie

La vie est à tous

Il faudrait annoncer un immense décret :
  LA VIE EST À TOUS.
Elle est donnée gratuitement,
elle est offerte éperdument.
C'est le don fondamental de la nature.
Le cadeau universel de la vie.
L'amour jaillit de partout,
bien au-delà de chacun,
bien plus loin que les apparences.
Et proclamer ainsi une incroyable nouvelle
à tous les enfants étranglés
par les cordons ombilicaux
de leur dette envers la souffrance d'une mère,
le silence d'un père ;
à tous les enfants meurtris
par les injustices sociales ou culturelles ;
à tous ceux emportés par la violence
des incohérences d'une économie guerrière
ou les injustices d'une politique... anti-humaine :
  OSEZ RESPIRER !
  DÉGAGEZ-VOUS
  de l'empire des ressentiments.
  PRENEZ LE RISQUE DE VOUS AIMER,
  et aussi de VOUS LAISSER AIMER.
Allez, la route est ouverte.
Bien avant votre naissance,
un chemin vous attendait,
un lieu vous espérait.
Il y a une place pour chacun.
Il y a une offrande d'amour à recevoir,
une caresse, un mot, un regard à partager.
Il y a aussi et surtout un don à offrir :
  L'AMOUR QUE VOUS PORTEZ EN VOUS

Les cadeaux
de la vie

La vie nous offre de multiples cadeaux,
si nous savons les accueillir,
si nous savons les amplifier,
nous pouvons à notre tour en offrir
et les répandre, en créer aussi.
Chacun peut s'interroger
le soir avant de s'endormir... :
quel cadeau de vie ai-je pu offrir aujourd'hui ?
Quelle parole, quel regard, quel sourire,
quel geste, quelle acceptation,
quelle confirmation ai-je donnés ?
Ai-je proposés ? Ai-je révélés ?
Qui, chaque jour, peut donner
à celui qu'il rencontre
le sentiment d'accroître sa vie,
d'embellir son regard,
d'accéder à une parole plus pleine,
de se sentir plus aimable,
plus présent, plus beau ?

Qui peut faire le projet
de mieux s'accepter,
d'être un meilleur compagnon pour lui-même,
d'oser s'aimer
et d'aimer à plein temps ?
Qui prend le risque
de devenir ainsi un semeur de vie ?
Car la vie n'est pas
un cadeau provisoire et transitoire,
elle contient une part d'éternité
qu'il appartient à chacun
de tenter de transmettre
pour se relier ainsi
à l'infinitude d'une existence.

Déclaration d'amour à la vie

Si pudique, habituellement,
sur les émotions qui m'habitent,
voilà que je peux me dire,
après tant de tâtonnements,
avec un peu plus de facilité.
J'en suis étonné et ému.
Dans l'attente de chaque jour à venir,
dans l'accueil de l'inattendu,
je me recueille, encore un peu, au creux du silence.
Je sais que je peux déposer mes possibles
et les laisser germer ainsi en offrande.
J'ai découvert l'importance du temps
qui ne vieillit pas, qui s'alanguit seulement
pour ouvrir des espaces imprévisibles.
Je tente chaque jour de préserver avec amour
cette parcelle de vie reçue en dépôt
tout au début de mon existence.
Pendant des années je l'ai ignorée, maltraitée
et trop souvent même disqualifiée.
Je veille avec passion
à ne pas la blesser, à ne plus l'ignorer.
Je l'entoure de soins, de respect et de bienveillance.
J'essaie de l'embellir, de lui donner une ampleur,
un espace, c'est-à-dire plus de vivance.

Cultiver la vivance de notre vie,
voilà un enjeu vital pour chacun.
Cet engagement envers ma vie,
longtemps si mouvant, si incertain,
me semble aujourd'hui plus ferme, plus cohérent.
Même si ma vigilance est mise chaque jour
à dure épreuve, même si je m'égare parfois,
ou me perds dans des errances dérisoires,
avec des repas trop faciles, des rythmes non respectés,
des rencontres énergétivores, des engagements vains,
ou trop d'hémorragies de temps perdu,
gaspillé avec des puérilités stériles,
autour de satisfactions factices.
Je garde, précieuse, la douceur émerveillée
des instants de plaisir et d'abandon
dans les rencontres essentielles.
Je t'encourage, ma vie, à m'accompagner longtemps,
proche et sensible, présente et fidèle.

— 7 —

Aimer

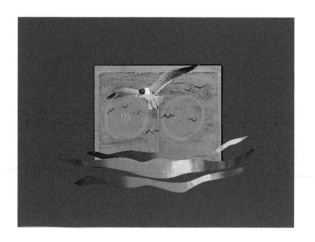

Liberté d'aimer

Il faut avoir su créer en soi une immense liberté, et un espace plein de possibles, pour aimer, simplement aimer.

Et tout d'abord la liberté d'être et d'exister hors du champ du désir de l'autre.

Une liberté fondée sur la découverte que chaque amour est unique.

Il faut beaucoup de liberté quand deux plaisirs se rencontrent, s'accueillent et s'amplifient pour devenir infinitude dans une bulle du temps échappée du passé et affranchie des contingences de l'avenir.

Il faut une liberté large et ouverte pour s'aimer dans l'amour vers l'autre. Il faut une liberté pleine de possibles pour savoir engranger le doux et le bon dans l'intimité du partage.

Une liberté difficile, acquise aux risques des choix, et dans la capacité à se définir. Une liberté gagnée dans le lâcher-prise et le renoncement à la toute-puissance.

Il faut une liberté mouvante et fluide pour vivre sans exigence, pour oser recevoir et accueillir l'imprévisible en suspens dans la palpitation de l'intense.

Une liberté plus grande encore pour pouvoir donner sans contre-partie, offrir gratuitement, sans l'attente d'un retour, avec l'émotion du seul bonheur d'aimer.

Aimer ainsi est une provi-danse, c'est un élan qui vous anime, une quête qui vous précède, c'est un état de grâce, une énergie qui vous porte.

    Elle ne vous emporte pas,
    elle vous dépose seulement
    aux sources d'un miracle.

Aimer sans désespoir

Aimer,
même ce qui résiste.
Aimer,
ce qui parfois humilie,
même ce qui déchire.
Aimer,
encore plus loin,
quand la peur des abandons,
la peur des « partir »,
celle des souffrir
nous retient,
nous agite
et nous empêche
de vivre le présent.
Aimer,
comme cela pour rien,
pour tout, je devrais dire,
pour la beauté d'un geste
sans détour,
sans retour,
pour le plaisir du plaisir.
Aimer
dans l'abandon du meilleur de soi
vers le meilleur de l'autre.

Dans l'urgence
des mots

Et a surgi tout à coup pour aujourd'hui l'urgence des mots à dire encore enfouis.

Oui, je l'ai aimé d'un amour trop fou… d'un amour immense à m'éclater le cœur, trop grand et trop violent, pour le vivre de plain-pied en ces instants éphémères et fragiles, trop idéalisé pour être apprivoisé dans la réalité, trop secret pour se vivre à ciel ouvert comme tu m'y invitais, trop bouleversant pour oser se dire, trop angoissé de le blesser pour danser en légèreté.

Oui, comme dans l'histoire d'enfant que tu racontes tu étais l'aimant et j'étais le bout de fer, toutes les fibres de mon être orientées vers toi à en perdre mon propre cap…

C'était mon amour à moi…

Tu as placé ta distance, celle qui était bonne pour toi et petit à petit ta distance est devenue ma distance. Ma distance-chemin d'une tendresse possible, qui se cherche, balbutiante, en filigrane de nos rencontres en pointillé…

Au creuset vivant de ma distance, mon amour épuré est devenu tout simple…

Je t'aime, toi.

Il est des jours ainsi où je sens mon ventre verrouillé, mon cœur encombré, où le silence de l'inachèvement est si présent, et soupirer après tout ce qui n'a pas été vécu ne remplit pas le vide et la ferveur de tous les possibles.

Recette
du « tendre amour »

Précautions :
Cette recette est essentiellement personnelle. Avant de la mettre en pratique, il conviendra donc de s'entraîner un peu, en solitaire ou dans l'intimité d'une relation en devenir.

Ingrédients :

Compréhension	sans hésitation — beaucoup
Bonne humeur et rire	une large pincée
Amour fondant	à volonté
Baisers	nombreux et variés
Étreintes	une large dose — partout
Caresse	en abondance
Fantaisie	un bouquet
Sourire	que l'on désire
Invention	à la demande
Complicité	parsemer de regards
Folie	quelques grains
Jalousie	une larme — mais une seule
Désir	pour recouvrir le tout
Fidélité	beaucoup — surtout au présent
Humour	à profusion

Mise en pratique :
Outre de la patience et beaucoup d'enthousiasme, cette recette demande un temps certain pour la préparation, la réalisation... et pour la consommation.

Mélanger la compréhension avec la bonne humeur et l'amour fondant, puis remuer avec la fidélité, en rajoutant lentement les caresses et les sourires, jusqu'à faire devenir fou le tendre amour. Retourner le tout avec des étreintes et faire cuire à feu ardent.

Inutile d'ajouter une larme de jalousie si on en manque, car non indispensable ! Et garnir de baisers profonds.

Saupoudrer de complicité et d'humour léger. Ne pas oublier la fantaisie en bouquet (pour le parfum) et la folie en grain ou vice versa.

Laisser gonfler et présenter chaud (ne jamais laisser refroidir).

Servir avec l'invention souhaitée.

Attention : Cette recette, répétons-le, reste personnelle.

Chacun complétera au gré de ses amours ou de ses expériences.

La question fondamentale et cruciale restant... qui cuisine des deux ?

À l'écoute

À l'écoute de ta vie,
j'ai cueilli des étoiles,
j'ai effacé des doutes,
j'ai saisi des certitudes,
et dans la profondeur de sa lumière,
j'ai enfoui tourments et lassitudes.
À l'écoute de ma vie,
j'ai entrevu des miracles,
j'ai vécu mille printemps,
j'ai ouvert des possibles,
j'ai engrangé des trésors insoupçonnés,
j'ai rassemblé la mémoire de mon histoire.
À l'écoute de ta vie,
j'ai entendu les rires,
j'ai mesuré les peurs,
j'ai agrandi le temps
et prolongé l'espace
jusqu'aux rives de ton cœur.
À l'écoute de ma vie,
j'ai caressé d'autres rêves,
j'ai franchi plus de réalités,
j'ai voyagé sur les ailes du vent
et j'ai posé un baiser soleil-levant
sur les paupières de la nuit.

Vous l'ai-je jamais dit ?
Vous étiez le jardin
dans lequel
j'aurais voulu grandir.
Vous étiez l'arbre
à l'ombre duquel
j'aimerais mourir.
Vous étiez le sourire
pour lequel,
durant tant d'années,
j'ai mendié.
Vous étiez la rivière
dans laquelle
j'aurais voulu me purifier.
Vous étiez le sentier
qui m'aurait conduit si loin
dans mes découvertes.
Vous étiez l'horizon
qui me rapprochait
si près du meilleur de moi.
Vous étiez une femme,
si présente
que la flamme de l'espoir
ne s'est jamais éteinte
en moi.

Tout ce que je n'ai pas dit

Lorsque j'étais cet homme inachevé

J'étais cet homme
inachevé,
qui ne savait vivre l'instant.
J'étais à l'extérieur de moi,
tel un astronaute
hors de sa bulle,
perdu dans le froid de la vie.
J'étais en errance
de moi-même,
avec des gestes irréels.
J'étais anesthésié,
coupé de mes émotions.
Je n'osais pénétrer en moi,
de peur de m'y rencontrer
insipide et vain.
Et je t'ai rencontrée…

L'avenir vient de loin

En des gestes accordés
au plus loin de nous-mêmes,
il n'est de braises
que sur un lit de vent ;
il n'est de plaisir
que sous un ciel d'attente.
Et, mon désir de toi,
enflamme mon présent,
relance mes émois
et m'emporte
vers des rives étonnées.
Quand s'émulsionne
en mon sang,
la force double
des étoiles aveugles
et du soleil ardent,
je traverse ma vie,
avide de mes sens.

Le plus beau
des cadeaux

Le plus beau des cadeaux
que quelqu'un
puisse vous faire,
n'est pas de vous aimer,
mais de vous apprendre
à vous aimer.

Fidélité à soi...
fidélité à l'autre

Au-delà de la beauté, de l'intensité ou de l'ampleur des sentiments qui nous propulsent vers un autre ; au-delà des émotions et des émois qui peuvent nous habiter ; au-delà du bouillonnement et de l'envol des désirs, il y a la qualité de la relation.

Et surtout cet espace de respect de soi et de l'autre, dans cette relation.

Pouvoir se respecter, c'est s'appuyer sur la capacité de s'aimer soi et de se reconnaître une valeur indépendante de celle qui nous vient de l'aimant(e), de l'aimé(e).

Ainsi, au-delà de mes sentiments, de mes émois et de mes désirs, j'aurai à me confronter à mes zones d'intolérance, à des blessures anciennes, à des situations du passé, inachevées.

Chaque fois que la demande de l'autre ne correspondra pas à mon ressenti, quand ses attentes maltraiteront mes possibles, alors j'aurai à prendre le risque de décevoir ou de frustrer celui ou celle que j'aime.

Chaque fois que je ne pourrai plus être fidèle à moi-même, il m'appartiendra de remettre en cause ma fidélité à l'autre.

L'amour est mal aimé

Sur les chemins de l'amour, il est possible de rencontrer l'amour initiatique.

Une forme rare de l'amour, donné gratuitement, qui ouvre aux secrets et aux mystères de la vie.

Dans l'infini d'une telle rencontre, je ne possède rien de l'autre. Le donner et le recevoir vibrent comme une prière.

Dans cet amour, je peux accéder à l'unité sans partage, et me réconcilier avec le meilleur de moi, rejoindre aussi le merveilleux de l'autre et de la vie.

Attention cependant, dans notre culture l'amour n'est pas aimé.

Ne vous y trompez pas : il est désiré, attendu, recherché, souvent exigé, fréquemment violenté et le plus souvent bafoué, mais il n'est pas aimé.

En tentant de rencontrer, d'éveiller ou de partager cet amour de mystères, d'ombres et de soleil, soyez attentif à la façon dont il sera reçu.

Osez l'offrir quand même, il en restera des traces qui rejoindront celles laissées d'une aimée par un aimant, d'un aimant à une aimée.

L'amour de rencontre

L'amour de rencontre est une parenthèse, ouverte sur les pointillés de l'incertitude.

L'amour de rencontre a un avant prometteur et un après enchanteur, car il défie l'espace de la durée.

Dans des filigranes de tendresse, sur trame de gestes et de temps effleurés, il offre des étonnements plus étonnés que des rêves. Sur un fond d'espérance, délogé de la nuit noire des solitudes désespérées d'autrefois, l'amour de rencontre s'alanguit dans les possibles du rêve et des plaisirs anticipés avant que d'être partagés…

L'amour de rencontre exhale le meilleur de son essence dans des instants fragiles, et ses désirs intenses ont le parfum des surprises ébahies. Quand l'odeur de corps emmêlés danse avec les fragrances de joies scintillantes, sur caresses d'or, il s'inscrit dans les strates profondes du présent.

L'amour de rencontre relègue parfois au loin ses besoins et ses exigences pour se révéler joyeux, cerise sur le gâteau de la vie. Il peut devenir aussi une perle rare dans le reflet irisé des ardeurs.

Les amours de rencontre ont l'instant bohème, renaissants, émerveillés, aux hasards rêvés et accueillis.

L'amour de rencontre, cet élan entre vous qui ne serez plus jamais une inconnue, et moi à jamais inachevé.

— 8 —

La relation
amoureuse

Toi

Tu as inscrit douloureusement
les heures et les jours de mes absences,
mais,
as-tu gardé la trace de nos rencontres,
as-tu embelli le sillon de nos abandons,
as-tu prolongé l'horizon de nos possibles?
Tu entends tout ce qui n'est pas dit,
mais,
as-tu écouté mes soupirs d'aise,
laissé vibrer mes paroles de confirmation,
as-tu accueilli le bruissement de mes élans?
Tu n'as pas reçu durant
plusieurs jours mes regards,
mais,
as-tu accepté mon sourire
à l'instant de la rencontre?

Tu n'as pas reçu d'invitation,
mais
as-tu entendu tous mes signes, mes offrandes,
as-tu eu envie d'agrandir mes gestes d'amour
à l'ouverture d'un partage possible?
Tu n'as pas reconnu mon désir,
tu as laissé se fermer trop vite le tien,
mais
as-tu laissé scintiller mes enthousiasmes,
retentir mes plaisirs,
m'as-tu laissé simplement
m'approcher au plus profond?
Oui,
tu te blesses aux manques infinis, innombrables,
mais
acceptes-tu de te nourrir à nos étreintes,
as-tu engrangé nos échanges,
vendangé nos rires au présent,
ensemencé la prochaine rencontre?

Histoire
de désirs

Lui. — Raconte moi ton désir…

Le mien, je le connais par cœur.

Je vis avec lui depuis si longtemps.

Mais le tien ? C'est le tien que je voudrais connaître…

Elle. — Oui,

Oui, je te raconterai l'histoire de mon désir pour toi.
Je te prendrai la main et te ferai toucher les lieux de sa
naissance. Je te raconterai comment il a grandi et a fini
par occuper tout l'espace, comment il accélère mon
souffle, fait taire toutes mes peurs, me transporte au plus
près de toi.

Je te révélerai comment mon sexe s'ouvre et se gonfle
en attente de la venue du tien.

Je te dirai comment, en pensant à toi, il chamouille et
s'affole.

Je te ferai sentir du doigt et de la langue comment je m'y
prends pour lui parler, pour le calmer.

Je te montrerai comment il peut vivre sa vie en solitaire,
en t'appelant.

Oh oui ! Je te raconterai mon désir, mon merveilleux
désir de toi.

Lui. — Dis moi encore ton désir…

Elle. — De mes lèvres secrètes, un souffle chaud, une palpitation
ardente, et puis une rosée nacrée jaillissant et m'inondant
dans les murmures de ton nom.

D'obscénités sacrées et de doux balbutiements je bénis
ma passion.

Je prends le risque de vous aimer

Je sais mes sentiments multiples.
Je sais ce qu'est ma liberté,
et cette liberté plus difficile,
d'aimer la liberté de l'autre.
Je sais chaque matin,
qu'il faut recommencer.
Je sais que la distance
éclaire mon chemin.
Je sais l'indépendance
vivante entre vos mains.
Je sais trop des amours
éphémères et fragiles.
Je sais que bien aimer,
est toujours difficile.
Je sais qu'à tout moment,
je dois rester vivant en vous.
Je sais qu'à chaque instant,
il me faut vous rejoindre
sans me trahir.
Mais malgré tout cela,
je prends le risque
de vous aimer.

Accepter
de s'engager...
quelle aventure!

S'engager
   au-delà de la rencontre,
   dans la durée, dans le projet,
   dans le rêve partagé et amplifié.
S'engager
   avec nos différences,
   vers un avenir à deux,
   pour agrandir ensemble
   une part d'éternité plus ensoleillée.
S'engager
   pour créer des matins insolents
   déjà riants du jour à venir,
   pour oser aussi
   des soirs resplendissants.
S'engager
   aujourd'hui
   pour celui que je suis,
   envers celle que tu es.
   Pour construire au quotidien
   un futur à inventer.

Ne pas m'engager
    pour un que je serai,
    et que je ne connais pas,
    envers une que tu deviendras,
    et que j'ignore encore.
S'engager
    non pour le pire et le meilleur,
    ou pour l'incertitude aveugle,
    mais pour l'imprévisible.
S'engager
    bien sûr,
    avec le meilleur dc moi ébloui,
    vers le meilleur de toi étonné.
S'engager
    pour des découvertes nacrées,
    pour l'abandon, la confiance,
    le plaisir offert et reçu.
S'engager.

Quand une rencontre devient le plus beau des partages avec l'agrandissement de chacun

Au face à face des jours surgissent des instants précieux. Tel ce moment reçu, agrandi, inventé pour nous deux à la rencontre d'un soir, d'un midi ou d'un matin.

J'en veux garder plus loin la trace, bien au-delà du souvenir.

Te rappelles-tu qui a proposé, qui a invité ?

Et de quel événement passé ou à venir nous fêtons la présence ?

As-tu la souvenance encore de cette envie de nous retrouver en ce lieu pour en cueillir le meilleur, en savourer toute l'attente, en goûter toutes les résonances ?

Nous nous sommes accordés au désir de l'essentielle nourriture dans la fête des sens.

Réconciliés au plaisir des regards échangés, amplifiés à l'abandon des paroles offertes et au reçu de la proximité fragile.

Nous avons ciselé un peu plus de cette complicité unique de l'intime. Nous avons partagé, dans le secret des mots et des gestes, le meilleur de nous, et recréé en ces lieux une part de nos rêves. Voilà, nous reviendrons peut-être, sûrement, déposer encore un peu de chacun dans un Nous à ciseler dans l'offrande des jours.

Lettre
d'un à une

Moi qui suis toujours dans le besoin de savoir, de comprendre, d'anticiper, voire de contrôler ce qui va m'arriver, j'apprends avec toi l'absolu du présent.

J'apprends à goûter l'instant sans l'étiqueter ou l'archiver. Je reçois le temps dans l'espace de toi. J'entre dans un peu de ton éternité, en le reliant à notre précédente rencontre, si loin, si proche. Te souviens-tu ?

Moi, qui ai tant besoin de dire sans jamais m'exprimer, je choisis avec toi de ne pas dire, pour ne pas encombrer les élans et les soirs.

Moi, qui ai tant besoin de réassurance, avec toi, je me sens serein et je bois à pleines lèvres ta présence.

Moi, qui avais tant de besoins, moi aux désirs multiples, je découvre avec délices que je n'ai pas besoin de toi, pas besoin de ton regard, pas besoin de tes caresses, ni de ton corps si tendre. Non, besoin de rien, si ce n'est, de sentir ce désir de toi, qui chante en moi.

Et cela est en soi une découverte fabuleuse.
Je suis dans la jubilation des rencontres à part entière.
Pas besoin de remplir les instants à ras bord.
Ils sont déjà hors du temps.
Pas besoin de m'accrocher à ta présence, car le présent est là,
plein quand il est là, espéré et attendu quand il n'est pas là.
Pas besoin de geindre, de regretter, de souffrir
comme dans mes premières amours.
La nuit du temps amère a calmé les angoisses
et cicatrisé les blessures.
Ma douce, mon double, ma tendre.
Si pareille et si différente à chaque rencontre.
Si proche et si lointaine au plus près.

Ai-je découvert après quoi je cours, homme pressé, dévoreur d'espace ? Nul besoin de réponses. Elles sont enfouies au fond de moi. Qu'importe que ce soit les tiennes ou les miennes ! Ce sont les mêmes.

Tout était ensommeillé, et te retrouver a fait naître le levain et jaillir des lumières. En te voyant ainsi, si féminine, si rapide et si lente, si tendre et si dure, ouverte et exigeante, je me découvre nu et à nu.

Je marche à grands pas lents, vers la lumière des jours à venir où je sais déjà te retrouver sans t'avoir quittée, blotti au fond de toi, comme le muguet de mai qui surgit à l'ombre et témoigne de la fraîcheur sans cesse renouvelée des saisons.

Ma douce, ma tendre, ma toute lasse, sais-tu :

Que le plus lourd des fardeaux

peut être léger comme le vent ?

Que la plus profonde des blessures

peut être adoucie par le miel d'un baiser ?

Que la plus grande fatigue

peut être apaisée sous la caresse des yeux d'une femme ?

Que le plus grand bonheur

peut s'évanouir dans la fuite éperdue des saisons ?

Ma douce, ma tendre, ma fabuleuse,

Ma toute rare et mon toujours,

Ma brune comme l'épice,

Ma vivante comme le fond de tes yeux,

Mon sable fin, ma falaise escarpée, ma divine, mon sacré,

Ma musique secrète, mon eau jaillissante, ma plage, mon vallon,

Ma forêt bruissante,

Mon bientôt.

TOI

On peut tout se dire. Je l'ai cru longtemps.

On peut tout dire, la peur et le désir qui se cache derrière.

On peut dire l'horreur des malentendus et son cortège de violences silencieuses.

On peut dire les soirs de détresse ou l'aube des désespoirs.

On peut dire l'humiliation ruminée ou la joie des réconciliations jaillissantes aux plaisirs des retrouvailles. Oui, on peut tout dire.

Le désir inouï ou insupportable, le plaisir étonné dans sa fugacité ou fragile dans sa plénitude.

On peut dire l'abandon lumineux aux tendresses reçues et son éclosion au midi des envols.

On peut dire le bon, le doux, l'amer.

On peut dire l'émotion palpitante, le courage tenace, l'amour le plus fou.

On peut dire l'inespéré d'une présence, le rêve le plus secret et même l'élan inachevé.

On peut tout dire dans l'oreille d'un mot, dans l'éveil d'une phrase, dans l'écoute d'un être.

Mais on ne peut pas dire la mort d'un amour.

On ne peut dire sa lumière et ses ondes fertiles disparues à jamais.

On ne peut dire le passage, la chute, la perte.

On peut dire parfois l'après d'un amour, quand le désamour n'est plus dans le désespoir.

On peut dire encore l'enthousiasme non épuisé et ce regain de vie qui source au-delà du présent.

On peut dire bien sûr la quête incertaine, dans laquelle chacun se cherche et peut aussi se perdre dans l'errance de l'autre.

On peut tout dire ou presque.

Il avait mis son cœur en offrande

Il avait mis son cœur en offrande,
et avait donné son temps en otage.
Il avait parsemé de ses rêves
chaque rencontre,
dans l'attente de son écoute.
Elle avait projeté une vie de partages,
et chanté l'échange.
Elle avait louangé l'agrandissement
de chacun aux rires des regards,
aux tendresses des gestes.
Il avait laissé enfin
s'apaiser la faim
et les inquiétudes lointaines.
Elle avait semé des possibles,
et osé lâcher prise sur toutes les retenues
pour laisser fleurir le meilleur de ses désirs.
Oui, avec une générosité infinie chez elle,
avec une impatience retenue chez lui,
ils avaient tenté d'aller
au-delà de la rencontre
vers une relation de durée.
C'est tout cela maintenant,
qu'il leur convient de reconnaître en eux
pour donner une place au présent.
Lui avec elle,
compagnon de cette ouverture,
elle avec lui,
pour le prolongement d'une vie ouverte
sur tous les aujourd'hui,
au cœur même de l'existence,
reçue en cadeau.

L'attente des mots...

S'il est des mots
qui donnent des ailes aux rêves,
il en est d'autres
qui coupent le cou à la réalité.
Il est aussi des mots qui traversent silencieusement
l'espace d'une vie et se retrouvent éblouis,
à la génération suivante,
dans les rires d'un enfant à naître.
Il est encore des mots à inventer
pour tenter de crier l'indicible.
Il est des mots si fatigués
qu'ils n'aspirent qu'au silence
et d'autres si meurtris
qu'ils finissent leurs jours
avec les dérives d'un délire.
Alors je vous propose de ne pas prêter
aux mots trop de pouvoir,
ils ne sont souvent que les reflets
d'une apparence qui se cherche.
Mais je vous invite à veiller
quand même à les honorer.
Et surtout à les écouter
quand vous en découvrez quelques-uns
blottis, tout étonnés de survivre,
sur la page d'un livre
qui vous attendait.

Il est des jours

Il est des jours où
il est si difficile de se dire.
Il est des jours où
il semble impossible d'être entendu.
Oh ! non pas d'inconnus ou d'étrangers,
mais justement de ceux qui nous sont proches,
de ceux aimés ou aimants, du moins, le disent-ils.
Il est des jours où
ce que je te dis te déstabilise, m'insécurise.
Il est des jours où
je te perds dans une simple parole mal entendue,
qui ne rejoint pas ta longueur d'onde émotionnelle,
ta sensibilité du moment.
Il est des jours où
je déclenche sans le savoir
un déferlement de réponses stéréotypées,
de justifications ou de condamnations
qui semblent sans appel.
Il est des jours où
je me sens jugé, étiqueté,
diminué et sans valeur.
Il est des jours où
je réagis comme toi, où
je me laisse emporter
par l'inéluctable écho
de mes propres réactions.
Et cela devient insensé,
car je ne l'entends
que plus tard, trop tard.
Quand tous deux, exténués,
ne gardons au plus précieux de nous,
que notre silence et nos amertumes.

Quand nous nous accrochons
à nos refus comme à une bouée,
ultime protection contre la panique de se perdre.
Il est des jours où
tu sors de moi,
et où
je sors de toi,
meurtri, abasourdi
et si vulnérable.
Il est des jours où
dans le chaos de nos échanges stériles,
nous nous égarons,
nous nous perdons,
chaque fois un peu plus.
Il est des soirs où,
je ne sais plus
où te chercher,
où je ne sais pas
où me retrouver.
Il est des matins où
je déteste
cette solitude à deux
qu'on appelle
une relation de couple.
Il est des jours...
seulement des jours.
Alors je m'appuie
sur tous les autres jours,
des jours à inventer chaque jour,
au fil des instants fragiles
pour construire
inlassablement,
infatigablement,
un avenir à deux.

— 9 —

Le bonheur

Le bonheur

Tu dis avec acharnement,
que tu veux être heureuse,
en oubliant de t'étonner face à l'imprévisible.
Tu dis
que tu veux être heureuse à chaque instant,
en oubliant d'entrer dans ce présent.
Tu dis encore
que tu as besoin d'être aimée.
    C'est vrai, c'est ton premier besoin,
    Et ta plus grande peur !
Tu dis aussi :
« le bonheur est dans l'abandon. »
    C'est vrai, c'est d'une telle vérité,
    dans le lâcher-prise, dans l'abandon éperdu
    de soi vers l'autre.
Et, quand le bonheur enfin rencontré est d'un tel éclat,
qu'il est d'une telle intensité, encore faut-il oser le supporter !
C'est la vie portée à son incandescence la plus lumineuse.
C'est la vie rejointe à son point de fusion pour créer l'unité.
Le bonheur, moment éphémère, où je suis dans le tout.

Le bonheur, ah ! Le bonheur

Le bonheur,
  c'est aussi une petite lumière au clair de soi,
  petite veilleuse fidèle, patiente,
  continue et inaltérable,
  mais qu'il est bon de raviver tous les jours,
  à tenir à l'abri des vents,
  à protéger des tempêtes, du chagrin
  ou de la pluie des désespoirs ;
  une petite lumière qu'il m'appartient
  de préserver de la malveillance
  des pensées négatives,
  des poisons du ressentiment,
  de l'inattention des habitudes.
Le bonheur,
  conquête sur la lassitude
  et les enfermements.
Le bonheur,
  une toute petite flamme immobile,
  précieuse, magique et mystérieuse,
  au plein cœur de chacun ;
  une lumière sertie
  dans les voiles bleutés de la tendresse
  en ses murmures tissés.
Le bonheur,
  ah ! le bonheur…

Le bonheur en plus

Quand on pense qu'il y en a qui se contentent d'être heureux ou malheureux !

Et d'autres qui voudraient le bonheur en plus !

Quelle injustice !

Non, ils ont raison.

Le bonheur tout court, avec des joies simples, une sérénité évidente, des émerveillements qui se bousculent, dans l'étonnement d'être.

Le bonheur en sus, dans son cristal de lumière, dans la bonté du soleil, dans la chaleur bienveillante.

Le bonheur en trop, dans la paix reçue, la contemplation inespérée, les couleurs retrouvées.

Le bonheur simplement, vibration secrète, respiration accordée, étonnement ébloui.

Le bonheur non en plus, mais en premier, avant toute autre manifestation.

Le bonheur d'exister, d'être.

Et le reste ? Être heureux ou malheureux ? Tout ça... en plus.

Mais le bonheur là, en premier, telle une évidence, voilée parfois, mais toujours présente, même dans le chagrin, même sous la violence.

L'injustice n'est pas dans les remous ou les violences impitoyables de la vie, elle est dans ce qui empêche chacun de se relier à son bonheur de vivre.

Ah l'injustice !

L'injustice est dans l'incapacité de se sentir vivant, dans le refus de s'agrandir, par peur de se perdre.

L'injustice est dans tous ces mots en « ion » : éducation, religion, incommunication, agitation, perturbation, qui dévient du chemin pour communiquer avec le bonheur.

Il manquera toujours
quelque chose au bonheur,
pour ceux qui veulent le fuir.
Il manquera, déjà,
un coin de ciel bleu.
Il manquera, sans doute,
un moyen indispensable.
Il manquera, bien sûr,
une minute précieuse.
Il manquera, parfois,
un regard oublié.
Il manquera, aussi,
une parole non dite.
Il manquera, encore,
une attention proche.
Il manquera, certainement,
un infime geste espéré.
Il manquera, toujours,
quelque chose au bonheur,
si tu n'apprends pas à vivre,
dans l'éternité de l'instant.
Arrête donc de gaspiller les possibles
d'un bonheur au présent,
car je te dis le grand secret :
**un bonheur maltraité
est perdu à jamais.**

Oser être heureux

Oser être heureux, c'est accepter de l'être tout de suite.

Oui ! sans conditions, à l'aube du présent, au cœur même du temps, en étant capable d'accueillir simplement l'inouï de l'instant.

Être heureux, c'est savoir entrer dans le fragile et l'éphémère de l'événement.

La clef du bien-être, qu'il ne faut pas confondre avec la recherche du bonheur, réside dans l'acceptation inconditionnelle du meilleur de soi.

Quand je sais dire oui ou non, sans me blesser ou me culpabiliser.

Quand je sais entendre et recevoir le oui ou le non de l'autre, sans réticence ni refus.

Un bonheur se reçoit et s'amplifie dans l'imprévu d'une rencontre, dans le rire d'un partage, dans l'étonnement d'un abandon.

Quand je cherche à l'emprisonner dans la répétition ou l'exigence, il se dérobe et se perd à jamais.

Bienheureux

Bienheureux ceux qui savent rire d'eux-mêmes.

Ils n'ont pas fini de se réjouir.

Bienheureux ceux qui ont appris à distinguer une montagne d'une taupinière. Il leur sera épargné bien des tracas.

Bienheureux ceux qui sont capables de se reposer et de dormir sans avoir à s'excuser. Ils deviendront sages.

Bienheureux ceux qui peuvent se taire et écouter.

Ils apprendront des choses nouvelles.

Bienheureux ceux qui ont la faculté de s'émerveiller.

Ils conserveront longtemps leur âme d'enfant.

Bienheureux ceux qui ont compris l'importance de la communication.

Ils préserveront la vitalité de leurs relations.

Bienheureux ceux qui sont assez humbles pour ne pas se prendre au sérieux. Ils seront appréciés de leur entourage.

Heureux êtes-vous si vous savez regarder sérieusement les choses anodines et légèrement les choses sérieuses.

Heureux êtes-vous encore si vous savez aborder simplement les choses complexes et attentivement les choses simples.

Heureux êtes-vous enfin si vous savez voir clairement les choses difficiles et profondément les choses claires.

Vous irez certainement très loin dans la vie, car la vie saura vous remercier de l'avoir aimée, ainsi elle vous entraînera à son tour.

Est-il possible d'être si si heureux ?

Dans ce torrent de bonheur
qui parfois me secoue,
certains instants,
l'idée m'effleure :
est-ce permis,
est-ce vraiment permis,
d'être aussi heureux ?
Et dans une joyeuse certitude,
la réponse fuse
dans un éclat de sens :
« mais oui, c'est possible. »
Quand j'accepte d'entendre en moi,
l'accord des émotions et des événements.
Quand j'unifie avec l'amour
le tourbillon des contradictions.
Quand je m'immerge en entier
dans les courants violents ou apaisés de la vie.
Quand je saisis à pleins bras
la mousse et l'écume des rires,
et brasse l'eau du plaisir.
Quand je sais accueillir chaque remous,
chaque scintillement d'énergie.
Quand je m'étonne de me sentir bon,
et que j'apprends ainsi,
que c'est encore mieux que bon !

**Quel festin
à la fête du plaisir
d'oser être.**

— 10 —

Vers l'avenir

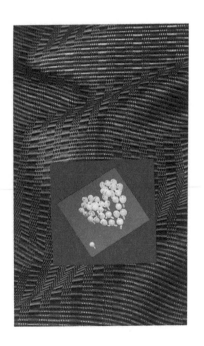

Être heureux, c'est accepter de l'être tout de suite

Oui,
sans conditions particulières,
en acceptant d'accueillir
l'inouï de l'instant.
Être heureux,
c'est accepter d'entrer
dans le bonheur,
sans attentes ou exigences.
La clef du bonheur
est de ne jamais y renoncer
et d'accepter
qu'il ne soit ni total,
ni immédiat.
À le chercher,
le bonheur se perd
trop souvent.

Oui un autre monde est possible

Je le crois vraiment
et je tente de le construire
passionnément, patiemment aussi...
Ô non pas avec des intentions,
des vœux pieux, des incantations
ou des appels à des entités bienveillantes
et peut-être bénéfiques.
Non, je tente de le bâtir, dans une pratique au quotidien.
À l'aube du jour présent,
dès le reveil et jusqu'au crépuscule du jour vécu.
Je veille à le construire au ras des pâquerettes,
même si mes yeux regardent le ciel.
Pas à pas, regard après regard,
geste après geste, sourire après sourire,
erreur après erreur, ajustement après ajustement,
avec, au-delà de mes désespérances,
la foi du charbonnier en ce monde à venir.
Je le construis à partir d'une parole
aussi claire que possible,
sur mes intentions, mes attentes, mes limites.
Avec ma capacité grandissante à me positionner,
à me définir, à écouter, à accompagner ou à refuser.
Car ma toute petite participation, la pierre, le sable,
l'eau ou le ciment que j'apporte
pour la construction d'un nouveau monde,
consiste à créer, à proposer,
inlassablement des relations différentes.

À partir d'échanges en réciprocité
d'où sont exclus les rapport de force, d'intolérence,
de violence ou d'approbation.
Avec des partages où il est possible d'apporter le meilleur de soi
pour rencontrer le meilleur de l'autre.
Des ouvertures, pour laisser la place à la créativité,
à la tendresse et à la compassion.
Avec des balises, telles des étoiles, pour éclairer ma route
qui ont noms : éveil, conscientisation, respect de soi,
respect de l'autre, responsabilisation, fidélité, engagement et action.
Oui un autre monde est possible,
j'ai déjà un pied et le cœur... dedans.
Et je ne suis pas le seul !

C'était avant...
il y a longtemps

Mais comment sommes-nous passés des amours ouvertes, vivantes et libres aux amours cloisonnées, enfermées, terroristes ?

Mais comment en sommes-nous venus à choisir des pseudo-amours en conserve, rétrécies, possessives et réductrices telles que nous les vivons aujourd'hui ?

Oui, c'est l'origine qu'il faudrait retrouver. Une origine vraisemblablement mythique, non réelle certainement, mais suffisamment inscrite en nous pour que nous en ayons la nostalgie et le regret.

C'est donc à l'origine qu'il faut remonter.

C'est au tout début quand le doute, la jalousie, l'appropriation n'existaient pas.

Quand chacun avait une liberté d'être qui lui permettait de proposer, de refuser la rencontre ou de la vivre, de partager des émois, des émotions et des plaisirs, de poursuivre ou de se quitter sans se blesser. De se quitter suffisamment comblés pour rester dans la reconnaissance et non dans la frustration ou la dévalorisation !

Quand l'amour n'était pas perverti par des codifications implicites ou énoncées, qui se transformeraient par la suite en une succession d'exigences, d'aliénations proposées à l'aimé(e) avec la pire des sincérités sous l'équation suivante : « Si je t'aime, tu dois m'aimer et n'aimer que moi ! »

Quand il était possible de dire : « Je me sens bien avec toi et je recherche ta présence » sans que l'autre aussitôt transforme cette déclaration en preuve d'amour ou en devoir de réciprocité.

C'était au début vraiment, quand deux êtres pouvaient se rencontrer et se dire l'un à l'autre une attirance, et que chacun pouvait répondre : « Moi aussi je me sens attiré pour l'instant et j'ose t'offrir mon désir, sans savoir le temps qu'il durera, sans préjuger du temps où s'épanouira et disparaîtra le tien »...

Ou encore : « J'ai entendu ton appel et je me sens touché, mais je ne suis pas dans cette énergie-là, je n'éprouve pas pour l'instant la même attirance et je n'irai pas plus loin avec toi dans la rencontre »...

C'était avant qu'on ne fossilise l'amour dans des rituels, des obligations, des contraintes pour tenter pathétiquement de contenir la part d'imprévisible, d'irrationnel qu'il y a dans toute rencontre amoureuse.

C'était il y a longtemps, quand l'amour de l'un ne s'imposait pas comme voulant occuper tout l'espace du plaisir et des attentes de l'autre. Quand le désir, le simple désir n'était pas reçu comme une agression, ni dévalorisé ou disqualifié, mais entendu, reconnu, même s'il n'était pas comblé.

Quand l'un ou l'une pouvait dire : « C'est merveilleux je te désire, je n'ai rien d'autre à partager que mon désir s'il rencontre le tien, que mon plaisir venant s'ajouter au tien, que mon abandon faisant la fête avec le tien... si c'est dans les possibles de ton ouverture, si tu en es d'accord ! »

C'était avant ce terrorisme terrifiant, qui fait dire à celui, à celle qui se blesse par ses propres propos, tout en tentant de culpabiliser l'autre : « Alors voilà, tu crois qu'il est possible de me proposer ton désir comme si je n'étais pour toi qu'un objet sexuel, qu'une personne avec qui faire l'amour, baiser sans plus ?! »

Nous sommes bien de ce temps d'aujourd'hui, où il paraît si difficile d'oser dire : « Oui je te désire, je te le dis, c'est une invitation ouverte dans laquelle je ne confonds pas désir et réalisation, dans laquelle je ne demande rien, dans laquelle je n'impose rien, dans laquelle je m'offre en prenant le risque de ta réponse, qu'elle quelle soit ! »

Mais comment, me direz-vous, avons-nous perdu cette innocence, cette liberté d'être dans le registre juste qui était celui de notre ressenti avant d'être dans celui d'un sentiment ? Dans cette dynamique vitale qui était celle de nos sens recherchant un accord, une complétude, une harmonie possible dans l'imprévisible bienveillant d'une rencontre libre ?

Comment en sommes-nous arrivés à nous infantiliser, à nous auto-priver, à nous violenter si fort pour tenter de faire se correspondre, dans une durée illusoire, des sentiments, des attentes, des projets et même des rêves qui restent uniques et différents, qui évoluent, qui mutent et qui s'inventent au gré d'une vie ?

Comment avons-nous pu pervertir tous ces possibles de la rencontre à deux quand nous comparons, soupesons, vérifions « si ce que l'un vit, ressent, est moins fort, moins bon que ce que ressent et vit l'autre ! »

Comment avons-nous pu perdre ainsi cette virginité, cette pureté d'oser être dans l'ici et maintenant d'un éblouissement, d'un appel, dans l'étonnement d'une déraison ?

Comment allons-nous pouvoir retrouver ce temps de notre histoire si intime ? Comment ?

Est-il perdu à jamais ?

Vous souhaiter...

Je ne peux que vous souhaiter, seulement vous souhaiter...
et formuler des vœux, car leur réalisation vous appartient ;
de vous respecter dans chaque instant de vie,
de vous entendre dans chaque décision,
de vous aimer dans chaque choix,
de vous respecter dans vos sentiments, dans vos contradictions,
dans chacun des gestes de votre quotidien,
dans les échanges et les rencontres,
dans l'imprévisible de l'existence ;
de vous respecter dans votre ouverture,
dans vos découvertes et votre quête,
dans vos errances et vos envols,
dans l'appel vers de nouvelles naissances ;
de vous accueillir dans vos possibles,
de vous dynamiser dans la transformation des rêves en projets ;
de vous respecter dans vos positionnements, dans chaque parole,
dans vos messages ;
de vous rejoindre au plus profond dans ce que vous allez transmettre
ou amplifier de vous en vous.

Et vous dire plus simplement que c'est dans ce respect vigilant de vous même, dans la pratique fervente de votre cohérence interne, que vous grandirez et croîtrez.

Pour respecter le divin qui est en vous.

Pour aller dans le sens de votre vocation profonde qui est de tendre vers plus d'humanitude, vers plus d'amour et vers plus d'absolu.

Vous deviendrez alors des passeurs, des transmetteurs de vie, des artisans d'espérance, des levains de soleils, car vous allez rayonner plus vif que jamais.

Merci à vous d'oser tous ces respects de vous, et d'en prolonger les vibrations, les énergies et la lumière dans chacune de vos rencontres…

L'indicible ne s'écrit pas
il se crie
ou se tait
dans une infinie désespérance.

Du même auteur

Supervision et formation de l'éducateur spécialisé. (épuisé) Éd. Privat, 1972.

Parle moi… j'ai des choses à te dire. Éd. de l'Homme, 1982.

Je t'appelle tendresse. Éd. de l'Espace bleu, 1984.

Relation d'aide et formation à l'entretien. Éd. P.U.L, 1987.

Apprivoiser la tendresse. Éd. Jouvence, 1988.

Papa, Maman, écoutez-moi vraiment. Éd. Albin Michel, 1989.

Je m'appelle toi. (roman) Éd. Albin Michel, 1990.

Si je m'écoutais… je m'entendrais. Éd. de l'Homme, 1990.

T'es toi quand tu parles. Éd. Albin Michel, 1991.

Bonjour Tendresse. Éd. Albin Michel, 1992.

Aimer et se le dire. En collaboration avec S. Galland. Éd. de l'Homme, 1993.

Contes à guérir, contes à grandir. Éd. Albin Michel, 1993.

Heureux qui communique. Éd. Albin Michel, 1993.

L'enfant Bouddha. Éd. Albin Michel, 1993.

Tarot relationnel. (épuisé) Éd. Albin Michel, 1994.

Charte de la vie relationnelle à l'école. Éd. Albin Michel, 1995.

Communiquer pour vivre. Éd. Albin Michel, 1995.

Jamais seuls ensemble. Éd. de l'Homme, 1995.

C'est comme ça, ne discute pas ! Éd. Albin Michel, 1996.

En amour, l'avenir vient de loin. Éd. Albin Michel, 1996.

Éloge du couple. Éd. Albin Michel, 1998.

Tous les matins de l'amour… ont un soir. Éd. Albin Michel, 1997.

Une vie à se dire. Éd. de l'Homme, 1998.

Les mémoires de l'oubli. En collaboration avec S. Galland. Éd. Albin Michel, 1999.

Le courage d'être soi. Éd. du Relié. 1999 et Pocket 2001.

Paroles à guérir. Éd. Albin Michel, 1999.

Pour ne plus vivre sur la planète Taire. Éd. Albin Michel, 1999.

Au fil de la tendresse. En collaboration avec Julos Beaucarne. Éd. Ancrage, 2000.

Car nous venons tous du pays de notre enfance. Éd. Albin Michel, 2000.

Contes à aimer, contes à s'aimer. Éd. Albin Michel, 2000.

Dis papa, l'amour c'est quoi ? Éd. Albin Michel, 2000.

Inventons la paix. Librio n°338, 2000.

L'Amour et ses chemins. En collaboration avec C. Enjolet. Éd. Pocket, 2000.

Oser travailler heureux. En collaboration avec Christian Potié. Éd. Albin Michel, 2000.

Passeur de vies. Éd. Dervy, 2000.

Car nul ne sait à l'avance la durée de vie d'un amour. Éd. Dervy, 2001.

Tous les textes sont des inédits sauf les textes suivants :

p. 16, En amour, l'avenir vient de loin - Albin Michel - 1996

p. 20, 46, Apprivoiser la tendresse - J'ai Lu -

p. 29, 52, Pour ne plus vivre sur la planète TAIRE - Albin Michel - 1996

p. 119, Je t'appelle Tendresse - l'Espace Bleu -1987

p. 74, 156, Aimer et se le dire (avec S. Galland) - Éd. de l'Homme -1993

Table